LE PASTEUR ET L'ÉVÊQUE

LETTRES POUR FAIRE TOMBER LES MURS

Samuel Amédro
et Jean-Paul Vesco

LE PASTEUR
ET L'ÉVÊQUE

LETTRES
POUR FAIRE TOMBER
LES MURS

LABOR ET FIDES

Dans la même série

Antoine Nouis, *Lettre à mon gendre agnostique pour lui expliquer la foi chrétienne*, 2010

Antoine Nouis, *Lettre à ma belle-fille catholique pour lui expliquer le protestantisme*, 2016

Antoine Nouis, *Lettre à mes enfants éloignés de l'Église pour leur raconter ma foi*, 2023

Les Éditions Labor et Fides sont subventionnées par la République et canton de Genève, et bénéficient d'un soutien structurel de l'Office fédéral de la culture pour les années 2021-2024.

ISBN 978-2-8309-1826-7

1, rue Beauregard, CH – 1204 Genève
Tél. +41 (0)22 311 32 69
Fax +41 (0)22 781 30 51
E-mail : contact@laboretfides.com
Site Internet : www.laboretfides.com

À tous ceux qui parlent au vent,
Les fous d'amour, les visionnaires,
À ceux qui donneraient vie à un rêve !
Les rejetés, les exclus,
Au réel ou suspect fou.
Aux Hommes de cœur,
À ceux qui persistent à croire,
Au sentiment pur.
À tous ceux qui se déplacent encore !
Un hommage aux grandes impulsions,
Aux idées et aux rêves.
À ceux qui n'abandonnent jamais,
Ceux qui sont ridiculisés et jugés.
Les poètes du quotidien !
Pour les héros oubliés et pour les vagabonds.
Pour ceux qui n'ont pas peur
De dire ce qu'ils pensent !
À tous les chevaliers errants,
Qui ont parcouru le monde
Ou qui le feront un jour.

Miguel de Cervantes,
Don Quijote de la Mancha

Un mot de l'éditrice

L'Esprit souffle où il veut, dit l'Évangile selon une formule devenue quasi proverbiale. Il a soufflé dans ma cuisine, un dimanche matin, à l'écoute de l'émission *Solae* sur France Culture. Mon oreille d'abord distraite s'est finalement tendue et mes mains sont restées suspendues au-dessus de l'évier. Une épiphanie de la simplicité : j'entendais un homme d'Église dire des choses frappées au coin du bon sens, les dire avec clarté et intelligence, capable de ce tour de force : être lucide *et* enthousiaste à la fois. Pour son Église, qui est aussi la mienne. Et peut-être la nôtre. J'ai appelé Samuel Amédro et lui ai fait part de mon enthousiasme, qui était en fait le sien et dont j'étais heureusement contaminée. Il me semblait enfin possible de sortir d'une spirale infernale, d'une seule logique de survie institutionnelle. Qui veut sauver sa vie la perdra, dit Jésus : si je pressentais non sans vertige ce que cela pouvait vouloir dire à l'échelle de ma vie, cela faisait quelques années que ce verset me tournait dans la tête au sujet des institutions. J'y avais souvent pensé lors des poussées de rage et de désespoir que j'avais traversées au sein de la Commission indépendante sur les abus sexuels dans l'Église (CIASE) : je voyais certaines autorités de l'Église catholique prendre le risque de la tuer à vouloir à tout prix lui épargner la lame de fond qui la faisait vaciller. La survie ici s'opposait à la vie même, au sens le plus fort et parfois le plus littéral du terme.

Alors cette loi évangélique, celle qui nous met en garde, en tant qu'individu, groupe ou institution, de ne pas perdre notre vie même, notre raison d'être, pour ne pas arriver au point où notre énergie et notre créativité sont siphonnées par la peur de notre disparition, cette parole d'Évangile, j'ai senti qu'elle était un point de rencontre entre deux hommes d'Église qui ne pensent qu'à elle, en espérant qu'elle pense enfin à autre chose qu'elle-même, comme le résume si bien Jean-Paul Vesco. De cette intuition naît cette correspondance d'hommes coresponsables devant le devenir d'une Église qui n'a de sens que d'être au service du monde. Ce qui ne veut pas dire renoncer au caractère souvent subversif de l'Évangile, mais quitter les positions de surplomb pour se rendre proche et apprendre de l'autre. Ce n'est pas un hasard si ces deux hommes-là ont fait l'un comme l'autre l'expérience de vivre dans des pays où le christianisme n'a jamais été dominant – Jean-Paul Vesco en Algérie, et Samuel Amédro au Maroc. Ils ont en partage une joyeuse humilité, celle de ceux qui n'ont pas besoin de nier la diversité humaine pour se sentir à l'aise dans leurs identités et qui puisent en elle l'appétit de la rencontre.

C'est aussi de cet appétit que naît ce livre à deux voix, ce livre de frères d'âme pour qui l'œcuménisme ne signifie pas lisser les différences, mais se souvenir toujours que ce que nous avons en commun, c'est un monde à habiter. Un monde qui a besoin de toutes nos énergies et nos créativités pour panser ses plaies et envisager un avenir. De fraternité aussi.

Marion Muller-Colard

* *
*

Note d'édition

Les lettres de Jean-Paul Vesco sont en italiques, et celles de Samuel Amédro en romain.

Cher Samuel

DES PROPOS TENUS DANS LES INTERPELLATIONS ADRESSÉES À VOTRE ÉGLISE, JE PEUX TOUT SIGNER OU PRESQUE, tant j'ai eu l'impression de m'y reconnaître. J'aurais même aimé les écrire. Leur lecture attentive a été pour moi une expérience œcuménique au sens le plus fort du terme : l'expérience de faire partie d'un même écoumène, littéralement d'habiter une même terre.

L'œcuménisme est en général compris comme une figure imposée, une sorte de grand écart entre des différends théologiques multiséculaires qu'il convient d'essayer d'aplanir autant que faire se peut, au nom de la foi en un même Jésus-Christ. Rien de tout cela à la lecture de vos chroniques pour la bonne raison que vous vous adressez aux membres de votre Église, sans souci d'un regard extérieur. L'expérience œcuménique troublante vient de ce que je pourrais m'exprimer en vérité aux membres de mon Église avec les mêmes mots, sans en changer aucun, ou presque.

Je ressens de l'intérieur le feu, l'espérance, la rage peut-être, qui vous animent. Je vis ces sentiments parce que je vous lis en pasteur tenaillé lui aussi par ces mêmes sentiments. Sentir un évêque catholique les partager serait une source d'encouragement et de réconfort, mais nous serions les mêmes, attelés à la même charrue, dans un même univers de référence. Le vôtre est autre. Le même et autre. Et cela nous fait entrer dans une autre dimension, nous permet de penser plus grand, plus haut, plus large notre conception de l'Église et de sa mission dans et pour le monde. Une évidence est là d'emblée : nous sommes vous et moi au service d'une même Église.

Il est un paradoxe sur lequel, je crois, nous nous retrouvons : en fait l'Église, nous ne pensons qu'à ça et en même temps nous rêvons qu'elle s'oublie elle-même. Nous sommes des obsédés de notre Église et en même temps nous rêvons « qu'elle cesse de faire du vélo en se regardant pédaler », selon votre si expressive formule. Vous dites : « Je rêve d'une Église qui ne se préoccupe pas de son devenir mais de faire ce pour quoi elle est. » *C'est ma résolution et ma prière chaque jour que Dieu fait se lever à Alger, et, petit à petit, je m'établis dans la confiance. J'ai moins peur de demain.*

Ce qui permet cette expérience de rencontre à laquelle nulle considération théologique ou magistérielle ne saurait faire obstacle, c'est que nous sommes portés par une même conviction qui touche au rapport de l'Église au monde. Comme vous le dites justement, nous, baptisés rassemblés en Église, « nous ne sommes pas en position de surplomb mais en situation de chercheurs de vérité, des compagnons au cœur de la société ». *C'est la conversion à laquelle je nous sais fortement appelés en tant qu'Église catholique. Je découvre que vous ressentez la même urgence. Pardonnez-moi, ce n'est pas très glorieux… mais il est parfois lâchement rassurant de réaliser que l'herbe n'est pas forcément plus verte ailleurs ! Comment pourrait-il en être autrement dès lors que la conviction profonde qui sous-tend notre échange est que nous appartenons à une seule Église du Christ en ses différentes manifestations ?*

* *
*

L’Église est-elle en bonne santé ?

IL Y A, ME SEMBLE-T-IL, TROIS MANIÈRES POSSIBLES DE SE POSER LA QUESTION. Trois conceptions différentes de ce que veut dire « être en bonne santé ».

Être en bonne santé, c’est ne pas être malade !

Il y a d’abord une manière objective et factuelle, je dirais presque scientifique, de procéder. La bonne santé, c’est d’abord une absence de maladie, un équilibre systémique que l’on mesure par des données objectives, des analyses, une étude clinique des symptômes et des diagnostics. Il faut pour cela ausculter, observer à la loupe ici ou là. On évalue, on soupèse, on mesure, on gratte là où ça fait mal… « Ça vous grattouille ou ça vous chatouille ? » demande le Dr Knock. On note soigneusement tous les symptômes de dysfonctionnement : les conflits, les problèmes immobiliers, la baisse de fréquentation, du nombre de donateurs, la crise des vocations et l'inadéquation des ministres, les dysfonctionnements institutionnels dans les prises de décision et la gestion du pouvoir… Que de réunions ! Que de bilans ! Certes, on ne peut transformer que ce que l'on a accueilli. Mais, de fait,

> on ne peut rien sauver, ni sur terre, ni dans le ciel vide, en en prenant la défense. […] Rien ne peut être sauvé sans être transformé, rien qui n'ait franchi la porte de sa mort. Si le sauvetage est l'impulsion la plus intérieure de tout esprit, il n'y a d'espoir qu'en l'abandon sans réserve : autant de ce qu'il y a à sauver que de l'esprit qui espère [1].

Alors je me demande si le christianisme ne serait pas tombé malade à force de… trop s'ausculter, à trop chercher à « se défendre ». Malade de trop penser à lui-même, tellement préoccupé par son avenir, inquiet de ses manquements, de ses fractures, de ses tensions internes, de ses fautes passées, de son insignifiance, de sa disparition programmée… bref, de sa peur de mourir.

1. Theodor W. Adorno, *Dialectique négative*, Paris, Payot, 2003, p. 473.

Immédiatement une question saute aux yeux : une Église qui a peur de mourir ? N'y a-t-il pas là un problème de cohérence interne ou plutôt de contradiction flagrante ? Comment peut-on annoncer, voire proclamer la résurrection, la vie éternelle et l'espérance et en vivre si peu ? Comment peut-on porter un fruit dont on ne se nourrit pas ? La foi n'est-elle pas confiance en Dieu, en l'avenir, en la Vie vivante ?? Au fond, l'Église n'est-elle pas malade de son incrédulité, de son manque de foi ? Elle semble ne plus croire elle-même à ce qu'elle dit ! Comme on dit trivialement, on dirait qu'elle marche à côté de ses pompes, en décalage avec elle-même… Je pense ici au récit de la tempête sur le lac, quand Pierre marche sur l'eau (Mt 14,22-33)… Tant qu'il cherche à rejoindre le Christ, le regard vers l'avant, le nez au vent, Pierre n'a pas conscience du côté proprement incroyable de ce qu'il est en train de vivre. Mais dès qu'il se regarde marcher sur l'eau, dès qu'il descend de son vélo pour se regarder pédaler, dès qu'il se voit et se met à analyser ce qu'il est en train de faire, la peur se saisit de lui. Quand il regarde à Christ, il marche par la foi. Quand il se regarde lui-même, il se met à douter. Il ne croit pas ce qu'il est en train de faire… À ce moment précis, il perd pied et s'enfonce jusqu'à la noyade…

« Hommes de peu de foi ! » constate Jésus… La première maladie qui atteint notre Église me semble donc spirituelle. Quand elle se regarde elle-même, elle se met à douter de ce qui devrait être sa source et sa force. De là naissent une foultitude de pathologies bien réelles. En voici quelques-unes qui me sautent aux yeux et je m'inspire ici librement du petit livre de Gérard Siegwalt *La réinvention du nom de Dieu*[2] :

– L'essentialisme est une maladie du regard porté sur l'autre. Quand l'Église se pose en surplomb de l'humanité, sur le rebord du monde, pour parler des autres « en soi », les juger, les étiqueter pour les mettre dans des cases, en dehors de toute l'épaisseur de leur humanité et de leur réalité historique.

– Le supranaturalisme est une maladie de la manière de comprendre le monde. Quand l'Église trouve refuge dans une métaphysique par détestation du monde (à moins que ce ne soit le signe d'une peur de la réalité ?). Quand, dans son fonctionnement ou dans sa prédication, elle sépare le matériel (l'argent, les immeubles, les institutions) et le spirituel (la foi, la prière, la

---

2. Gérard SIEGWALT, *La réinvention du nom de Dieu. Où donc Dieu s'en est-il allé ?*, Genève, Labor et Fides, 2021.

Bible), dénigrant ce monde au profit d'un hypothétique ailleurs (où ?) qu'elle appelle Royaume de Dieu.

– Le cléricalisme est, lui, une maladie de la structure de l'Église. Quand celle-ci se laisse prendre dans un enjeu de pouvoir basé sur le statut de quelques privilégiés qui auraient accès au spirituel ou au divin, une sur-nature qui les mettrait à part de l'humanité pour faire d'eux les propriétaires de la transcendance.

– Le patriarcat est né quand l'Église s'est laissée prendre dans un enjeu de pouvoir basé sur le genre hissé au rang de tradition séculaire, voire de doctrine sainte.

– L'intellectualisme touche plus particulièrement nos Églises protestantes. Là encore, c'est un cléricalisme qui ne dit pas son nom. Cette fois l'enjeu de pouvoir est basé sur le détenteur du savoir. Quand l'Église déploie une théologie au service d'elle-même et non de l'expérience de foi dont elle devrait rendre compte de manière intelligible et critique. (On pourrait ici remettre en question la formation des pasteurs… En quête de légitimité académique, elle s'éloigne de plus en plus de son objet véritable et produit de nouveaux clercs sans le vouloir.)

– L'ecclésiocentrisme est un communautarisme qui, là aussi, ne dit pas son nom. Il consacre un repli sur soi dans le confort de l'entre-soi et un absentéisme de l'espace public en forme d'auto-effacement face au monde. « Ils y sont des sortes de blocs erratiques », dit Gérard Siegwalt[3]. Ils font des communautés ecclésiales des entités flottantes dans le cloud d'un arrière-monde.

Je suis certain que chacun pourrait continuer à l'envi et jusqu'à la nausée la liste des pathologies du monde des Églises… mais la racine me semble être toujours la même, et elle est spirituelle.

Être en bonne santé, c'est se sentir en bonne santé !

Et puis il y a une seconde manière de penser la santé de l'Église. Elle peut se dire en termes de ressenti de bien-être et de bonheur. Et se « sentir » en bonne ou en mauvaise santé relève du registre de l'émotionnel, de l'autocompréhension subjective. Par essence, il s'agit donc d'une émotion variable, un ressenti qui fluctue en fonction des humeurs et des circonstances. Il faut dire que dans ce domaine, mon Église est championne du monde de l'autoflagellation, du dénigrement de soi et donc de la malédiction au sens propre du terme,

3. *Ibid.*, p. 36.

d'une « mauvaise parole » (malé-diction) que nous prononçons sur nous-mêmes en dehors même de ce qui est dit de nous. J'ai l'impression qu'on se complaît à dire sur tous les tons que notre Église est malade ! C'est une parole qui dit du mal et qui nous fait du mal tant elle nous accompagne et nous façonne. Que notre Église scrute son passé huguenot glorieux (et forcément mythique, bien sûr) ou qu'elle tourne son regard vers les autres Églises (protestantes évangéliques ou catholiques), la nostalgie et l'envie prennent le pas sur toute analyse réaliste : on est invisibles (c'est vrai, mais que faudrait-il donner à voir ?), on ne parle jamais de nous (et alors, cherchons-nous vraiment à faire le buzz ?), on est trop petits (c'est à partir de combien la bonne taille ?), on n'arrête pas de perdre des membres (pas sûr), on a trop de temples (une vraie charge mais aussi peut-être une chance), on n'a plus de jeunes (est-ce qu'on « possède » les jeunes ?), on n'a pas assez de pasteurs, pas assez d'argent, pas assez de force… STOP ! Arrêtez ! N'en jetez plus ! N'y a-t-il pas là une sorte de haine de soi qui confine à l'autohumiliation ? À moins que ce ne soit une stratégie de séduction surjouant la fausse humilité ? La bonne santé de l'Église (et cela fonctionne aussi sur le plan personnel, politique, sociétal, civilisationnel…) dépend du récit que l'on pose sur elle, du regard que l'on porte sur soi-même, en un mot : de l'estime de soi. La surestimation élitiste des gardiens du temple comme la sous-estimation et l'humiliation systématique relèvent du même regard mal ajusté qui trahit un nombrilisme non assumé. Une Église qui ne s'aime pas elle-même se trouve dans l'incapacité d'aimer celles et ceux qui croisent sa route. Que voulez-vous offrir aux autres si vous ne vous aimez pas vous-mêmes ? Comment voulez-vous parler d'amour quand vous n'en vivez pas vous-mêmes ? D'ailleurs, je me demande si cette méfiance systématique et quasi instinctive vis-à-vis des émotions (dans la musique, dans les prières, dans les prédications, etc.) au profit de la quête de l'intelligence qui caractérise bon nombre de nos paroisses ne relève pas d'un symptôme qu'il est possible de traiter… relativement facilement… Allez, chiche ? N'ayons pas peur ! Il est possible de changer les bancs du temple (qu'est-ce qu'on est mal assis !!!), de mettre un peu de musique joyeuse (et pas seulement du XVIIe siècle), d'accueillir vraiment chaleureusement ceux qu'on ne connaît pas, de nous prendre dans les bras les uns les autres (et pas uniquement nos cousins et nos amis d'enfance), d'exprimer ce que nous ressentons au cours d'un culte par des rires, des danses, des applaudissements (et pas seulement pour dire si nous sommes d'accord ou pas avec ce que le pasteur a dit). Nous ne sommes pas des purs esprits et il est bon parfois d'en (re)prendre conscience. Notre corps et nos émotions ne sont pas nos ennemis et si le Christ a pris corps pour nous rejoindre dans notre humanité, c'est qu'elle ne doit pas être si mauvaise que ça… Ce n'est qu'en nous (re) connectant à notre humanité que l'énergie vitale qui vient de Dieu pourra nous donner la force de traverser les difficultés et de nous sentir en bonne santé. Et nous dépréoccuper de nous-mêmes parce que, tout compte fait, nous nous sentons en bonne santé spirituelle !

Être en bonne santé, c'est être capable d'affronter la maladie !

Mais pour que ce ne soit pas seulement de la méthode Coué mal digérée, une autopersuasion de la pensée positive, il faut aussi prendre conscience que l'on dispose en soi de la possibilité de regarder l'avenir avec confiance. C'est ici une troisième manière de concevoir et de percevoir la (bonne) santé que de savoir que nous possédons en nous-mêmes les ressources dont nous avons besoin pour affronter l'adversité, le malheur, la difficulté. Être en bonne santé nécessite de se savoir en capacité de faire face aux pathologies et aux agressions. On pense ici aux défenses immunitaires qu'il s'agit de stimuler, d'activer au bon moment pour affronter les virus et autres agents pathogènes. On parlera volontiers de résilience, voire même de la possibilité de devenir « antifragile » comme le décrit si bien Nassim Nicholas Taleb dans le livre du même nom[4]. Il ne s'agit pas, dit-il, d'avoir peur de la fragilité en soi mais bien de l'assumer en tant que telle pour en faire une ressource et non plus un handicap. Non plus seulement la capacité de rebondir, ni même la maxime faussement nietzschéenne du « tout ce qui ne me tue pas me renforce », mais bien la capacité à transformer les difficultés (inévitables) en source de bienfaits, faire de nos vulnérabilités (bien réelles) une stratégie systématique de travail dans l'Église pour en tirer profit. Un peu comme le judoka tire son avantage de la force de son adversaire pour le déstabiliser et prendre le dessus. C'est ici qu'il est question de dynamique, de parcours et de trajectoire (et donc aussi de récit que l'on donne de soi) : sommes-nous seulement en train de gérer une lente décroissance vers une mort annoncée comme inéluctable à vues humaines ou sommes-nous dans une

---

4. Nassim Nicholas TALEB, *Antifragile. Les bienfaits du désordre*, Paris, Les Belles Lettres, 2020.

dynamique vitale de croissance spirituelle avec des morts et des résurrections ? Sommes-nous une Église de « soins palliatifs » ou une Église porteuse de vie vivante, capable de s'adapter aux circonstances, de se saisir des opportunités et de faire fructifier ses fragilités ? Une fois de plus, on pressent que la partie est liée à la vie spirituelle, à la prière, la lecture de la Bible, la place du culte dans notre vie d'Église... Tel les prophètes guetteurs d'Ézéchiel (Ez 33,1-7) ou l'apprentissage de la vision par Jérémie lors de sa vocation (Jr 1,4-19), il s'agit aussi d'apprendre à scruter la réalité, à porter le regard de Dieu sur le temps long et la perspective générale pour y discerner une vision spirituelle pour notre Église. Dans cette « vision » pour l'Église se déploiera notre capacité à nous projeter en activant nos ressources humaines, matérielles, immobilières, financières, relationnelles... autant que spirituelles et théologiques !

Et quelles sont-elles, ces vulnérabilités de notre Église susceptibles d'être transformées en ressources pour donner corps à la vision d'une Église porteuse d'une vie vivante ? Je n'en évoquerai que trois à titre d'exemple...

– Je voudrais parler avec fierté de la pluralité théologique de notre Église. Depuis son origine et tout au long de son histoire, elle a été irriguée par un courant confessant qui place le lien personnel avec Christ au-dessus de la doctrine, un courant libéral qui place l'intelligence de la foi au centre de sa confession, un courant orthodoxe qui cherche à fonder la prédication sur le seul socle de la Parole de Dieu, un courant social qui cherche à changer les structures pécheresses qui perpétuent l'injustice du monde, et depuis 2013, un courant luthérien qui ramène au cœur de la vie de l'Église une théologie de la Croix et une sensibilité liturgique fortes. Combien de tempêtes, combien de durs conflits, combien de tentations de la rupture ? Et pourtant elle tient, pauvrette Église, sur ce socle d'une pluralité instituante qui sait que Dieu seul est Dieu et que toutes les paroles humaines ne pouvant prétendre l'enclore, elles doivent se parler, se corriger, s'interpeller, s'ensemencer mutuellement.

Chez nous, vous n'êtes pas obligés de rentrer dans un moule. Mais vous savez que vous n'aurez jamais le monopole de la parole juste, de la doctrine vraie, de l'éthique irréprochable. Chez nous, et depuis Luther s'opposant à l'empereur Charles Quint et au légat du pape à la Diète de Worms, la liberté de conscience est un principe fondateur dont nous sommes fiers. Elle est la source de toutes les autres libertés. Le lieu de l'intime où l'on rencontre Dieu.

– Je voudrais parler avec autant de fierté (et je sais que ce n'est pas à la mode !) du fonctionnement institutionnel de notre Église. Je suis suffisamment au cœur de la machine pour en connaître tous les défauts… Je connais toute la difficulté et la lourdeur d'un fonctionnement qui exige que toutes les décisions soient discutées de manière collégiale, que rien ne soit imposé ni aux Églises locales ni aux pasteurs… Je connais bien cette passion quasi maladive (et très franco-française) pour l'égalité qui fait que depuis cinq cents ans maintenant nous avons fait le choix de vivre sans clergé et donc sans hiérarchie cléricale… Il faut assister et participer à ce rassemblement annuel des délégués des Églises locales qu'on appelle un Synode et tout son déroulement si bien huilé pour prendre conscience de toute cette culture. Je ressens bien toute la fragilité d'un système qui fonctionne tant qu'il est le fruit d'un consensus implicite qui est sans doute en train de se fissurer par l'arrivée massive de nouveaux venus issus d'autres cultures, d'autres modes de fonctionnement institutionnel et d'autres horizons convictionnels.

– C'est pourquoi je voudrais pointer ici l'évolution en forme de révolution à bas bruit qui traverse nos Églises et dont nous n'avons pas encore pris toute la mesure.

Moi-même je suis issu de l'Église réformée de France d'un courant que j'appelle avec affection « canal historique ». De fait, c'était une Église ethnique parce qu'elle réunissait des personnes qui se ressemblaient, issues d'un même milieu, d'une même culture transmise de génération en génération… Et j'en suis le pur produit : baptisé, catéchisé, confirmé, scoutisme unioniste, vocation pastorale, Faculté de théologie… Ce parcours classique d'autoreproduction n'existe plus. Petit à petit, notre Église est devenue une Église multiculturelle et pluriethnique. Le monde entier est en son sein. De toutes les cultures, de toutes les couleurs de peau, de toutes les traditions de pensée. Comme le dit si bien Olivier Roy dans son dernier livre, nous assistons nous aussi à « l'aplatissement du monde »[5] : ce qui relevait d'une culture commune avait jadis la force de l'évidence et de l'implicite et ne nécessitait aucune explication. Ce n'est plus le cas aujourd'hui. Il nous faut réapprendre et faire évoluer notre culture d'Église pour bénéficier des apports novateurs tout en apprenant à rester nous-mêmes… Réapprendre à se réformer. *Semper Reformanda*.

5. Olivier Roy, *L'aplatissement du monde. La crise de la culture et l'empire des normes*, Paris, Seuil, 2022.

Ne pas être malade, se sentir en bonne santé, être en capacité d'affronter : trois manières de se poser la même question. Et à chaque fois, le même fil rouge. Spirituel. La confiance comme seule capable de ne pas nous laisser fasciner par la peur de mourir, l'estime de soi comme nécessaire à notre bonne santé spirituelle, et la capacité à tourner notre regard vers l'avenir pour affronter nos vulnérabilités et les transformer en ressources pour demain. La foi, l'amour et l'espérance… triangle fondateur s'il en est (1 Co 13,13) !

Ma sœur la maladie

S'IL EST UN LIEU COMMUN DANS NOS SALUTATIONS QUOTIDIENNES, c'est bien celui de demander des nouvelles de nos santés, sans d'ailleurs toujours prêter attention à la réponse. Et de conclure par la sempiternelle tarte à la crème : « L'important, c'est d'avoir la santé ! » C'est tellement vrai… et tellement faux ! Tellement faux surtout par la posture que suggère cette formule toute faite. Elle désigne la maladie comme un précipice qui est là, dont il faut éviter de s'approcher en se collant le plus possible à la paroi, mais qui peut à tout instant nous happer. Tellement vrai aussi tant l'entrée dans la maladie, et donc aussi l'entrée dans un hôpital de façon régulière, entraîne instantanément la séparation d'avec le monde insouciant, ou souciant souvent de futilités, des bien-portants. Mais en même temps, toute personne qui a fait l'expérience de la grande maladie sait que cette dernière fait entrer dans un autre monde, une autre profondeur jusqu'à parfois en être submergé, une autre aventure humaine aussi, une autre connaissance de soi-même, un autre rapport à Dieu, d'autres relations avec ses plus proches, d'autres solidarités, une plus grande vérité, et parfois un plus grand amour.

Cher Samuel, vous ne vous employez pas à rassurer votre Église sur sa santé, vous l'encouragez à sentir qu'elle a en elle une imprenable santé en dépit de tous ses maux. Comme chacun de nous, elle porte en elle une vie sur laquelle la maladie n'a aucune prise. Pour conforter votre propos, je voudrais vous parler de mon ami Khaled.

Khaled était déjà atteint d'un cancer du pancréas mal détecté lorsqu'il s'est marié, il y a onze ans, avec Nesrine. Ensemble, ils ont eu deux merveilleux enfants, Sheïma et Khalifa. Le combat contre (et peut-être souvent avec) la maladie et pour sa famille a poussé Khaled à parfaire son français pour écrire deux romans, à s'entraîner à la course à pied pour courir un marathon et d'autres courses au nom de tous les cancéreux alités chez eux et dans les hôpitaux du monde entier. Il ne reste plus guère de parties de son corps qui ne soient attaquées par le cancer, et pourtant il est là, debout, souffrant et souriant au détour d'un rictus douloureux ou d'une formule drôle d'autodérision. Il va toujours « mieux ». Mieux qu'hier où c'était tout de même difficile. Mieux que demain où ce sera encore difficile... mais demain est un autre jour, un jour gagné pour sa famille.

Vous l'avez compris, Khaled est mon héros comme il est le héros de sa fille Sheïma si fière d'avoir un père écrivain, si fière de ses médailles gagnées à la course, si fière du père et de l'homme qu'il est. Il est le héros de sa petite famille héroïque et de toute la communauté d'amis qui le soutiennent autant qu'ils le peuvent dans ce combat pour la vie.

Il y a plus que de l'héroïsme dans ce combat implacable, il y a de la sainteté. Lors du pic de l'épidémie de Covid en Algérie s'est engagée une course effrénée et désespérée à l'oxygène. Khaled a oublié sa maladie pour procurer de l'oxygène à sa mère et à l'une de ses sœurs. Ayant un jour réussi à se procurer une bouteille d'oxygène (pour quelques heures de respiration) et aussi un respirateur, il a fait don de ce dernier à un voisin qui en avait lui aussi un besoin vital. Lorsque je lui ai dit que son attitude m'avait bouleversé tant elle était risquée pour la vie de sa sœur et de sa mère, il m'a répondu en souriant : « Oui, mais aujourd'hui les trois sont en vie ! »

Cette sainteté face à la maladie, je l'ai retrouvée dans son adresse au cancer, écrite au moment du premier anniversaire du décès de son autre sœur, emportée par le cancer :

> *« Tu es un adversaire redoutable, insaisissable et implacable. Tu as laissé ta marque*

dans ma vie et celle de ma sœur, créant des douleurs indescriptibles et semant le doute sur notre existence. Tu es l'incarnation de la lutte entre la fragilité de la vie et la force de la volonté. Mais malgré ton pouvoir, tu ne pourras jamais effacer l'amour, le courage et la résilience qui demeurent en nous.

» Tu nous as confrontés à l'éphémère, à la fragilité de chaque instant, mais tu n'as pas réussi à briser notre détermination. Tu nous as appris que la vie est précieuse, que chaque instant compte, et que la valeur des relations humaines dépasse toute compréhension. Tu as mis en lumière la nécessité de se soutenir mutuellement, d'aimer intensément et de profiter de chaque instant avec ceux qui nous sont chers.

» Mais malgré ton influence, tu n'as pas le pouvoir de définir notre identité. Nous ne sommes pas simplement des combattants face à toi, mais des êtres humains remplis d'amour, de rêves et d'espoir. Et même lorsque tu as emporté ma sœur, tu n'as pas pu nous enlever les souvenirs précieux que nous partageons, ni la force de notre lien indestructible. »

Cet exemple de Khaled, je voudrais le transposer à nos Églises, à notre Église. Comme le corps de Khaled, elle est attaquée par toutes les maladies que vous évoquez, et sans doute bien d'autres encore. Comment pourrait-il en être autrement. Elle est un corps vivant et cela fait donc partie du programme depuis l'origine. Il n'empêche qu'elle est aujourd'hui plus vivante que jamais et les forces du mal n'auront jamais le dernier mot sur elle. Mais que fait-elle, que faisons-nous de cet état ? La maladie ne laisse pas indemne, la maladie grandit celui ou celle qui la traverse. Elle rend plus humble, plus vrai. Un malade guéri n'est plus en bonne santé de la même façon, il n'a plus la même insouciance. Il ne porte plus le même regard sur la vie, sur ses frères et sœurs malades. Il vit de l'intérieur leur épreuve, il peut être en empathie, pour ne pas dire en communion.

Je rêve d'une Église marquée du coin de la maladie, une Église qui ait, dans cette épreuve, perdu l'orgueil et la suffisance de celui qui se croit invulnérable, rempli de ses certitudes. Je rêve d'une Église humble de l'humilité de celui ou celle qui a traversé la grande épreuve, attentive et empathique avec tous les accidentés de la vie, à l'écoute et à l'école de la souffrance et de la fragilité humaine. Cette Église est mon Église, notre Église, dans ce qu'elle est sans cesse appelée à être. Elle est l'Église qui se donne à voir et à vivre en bien des lieux de souffrance et déréliction depuis l'origine et jusqu'à aujourd'hui. Elle est l'Église que j'aime.

* *
*

S’émerveiller

La très belle Charte pour une Église de témoins[1] nous lance trois grands défis : 1. s’émerveiller de l’amour de Dieu, 2. aller vers les autres en nous ouvrant à l’accueil, 3. faire de la mission notre joie. L’émerveillement, l’accueil, la joie. Trois mots forts qui devraient nous inspirer quand nous réfléchissons à l’avenir de notre Église. D’emblée, rendons à Dieu ce qui lui appartient !

> Il n’y aurait pas de proclamation si la parole n’était elle-même puissante, c’est-à-dire si elle n’avait le pouvoir de déployer elle-même l’être nouveau qu’elle annonce[2].

---

1. Cette charte a été élaborée par le Synode national 2022 de l’Église protestante unie de France

2. Paul Ricœur, *La religion pour penser*, Paris, Seuil, 2021, p. 220.

Or l'être nouveau est déjà là et c'est à chaque fois un émerveillement. Notre Église va bien et j'en suis le témoin privilégié. Je ne dis pas qu'elle va bien partout. Je dis qu'il est grand temps de mettre fin à la sinistrose qui habite parfois nos discours. Bien souvent elle se sent démunie par manque d'argent, d'immeubles, de personnes, de temps, de jeunes. Mon émerveillement vient de ce désir qui naît justement au creux du manque qui laisse une place pour la venue de cet être nouveau en train d'advenir. Notre Église a soif comme la femme samaritaine au bord du puits (Jn 4,3-16). L'apathie et la résignation éteindraient la sensation de manque. Mais ce n'est pas du tout notre cas. Voilà pourquoi je dis que notre Église va bien. Elle a envie ! Elle a soif de vie vivante. Partout j'entends ce désir, et partout je vois des frères et des sœurs se lever pour essayer de construire, d'inventer, de créer, d'innover, de recommencer, de dynamiser, d'implanter, de relever. L'Être nouveau de notre Église se tient là, dans le creux de son désir d'être en train d'être, d'advenir à elle-même dans une sorte d'écho au nom propre de Dieu qui se révèle à Moïse au buisson ardent : « Je serai qui je serai » (Ex 3,14)

Oui, je sais… J'ai lu, comme vous sans doute, le constat sans appel des sociologues[3] qui évoquent l'effondrement de la pratique religieuse et la sécularisation galopante, fruit conjugué 1. d'une situation de pluralité qui relativise toutes les convictions et pousse à l'individualisation exacerbée du croire, 2. d'une différenciation fonctionnelle des domaines et des champs de compétence qui veut renvoyer la religion dans des cordes strictement spirituelles et 3. d'un constat de désenchantement du monde qui met en évidence une masse de plus en plus importante de nos contemporains qui se déclarent « sans religion » ou athées.

Mais j'ai appris aussi de leurs travaux que la sécularisation est un phénomène contingent. Elle est le fruit d'un processus historique qui aurait pu être totalement différent et qui, d'ailleurs, se vit tout à fait autrement sur d'autres continents où la pluralité religieuse est source de vitalité ! Cela signifie qu'il est possible de changer le cours de l'histoire. Ne serait-ce pas là une belle manière de penser notre mission ? Changer le cours de l'histoire… Délivrés

---

3. Danièle HERVIEU-LÉGER, *Catholicisme, la fin d'un monde*, Paris, Bayard, 2003 ; Guillaume CUCHET, *Comment notre monde a cessé d'être chrétien*, Paris, Seuil, 2018 ; Philippe PORTIER et Jean-Paul WILLAIME, *La religion dans la France contemporaine*, Paris, Armand Colin, 2021 ; Fritz LIENHARD, *L'avenir des Églises protestantes*, Genève, Labor et Fides, 2022.

de cet obscur sentiment de fatalité, de destin inéluctable qui nous accable, nous pourrions reprendre le cours de notre histoire. Notre rôle consisterait, nous suggère Fritz Lienhard, à donner aux gens la possibilité de vivre et d'éprouver un bout d'histoire avec le Christ. Et ceci ne peut se faire que dans des lieux hybrides qui habitent une culture différente pour la relire et la transformer de l'intérieur, de ces lieux frontières où l'Église se tient sur le seuil, comme disait Laurent Schlumberger, à la fois religieux et mondains, à la fois ecclésial et social. Dans ces lieux, un travail de sanctification peut être effectué. J'emploie ce mot de « sanctification » dans une acception plus large que son sens habituel de progression personnelle pour consacrer sa vie à Dieu. Au sens propre du terme, la « sanctification » désigne l'acte de rendre saint quelque chose qui ne l'est pas. Je propose que nous utilisions ce que le monde produit de mieux pour le consacrer à Dieu, pour que cela serve le projet de Dieu pour ce monde : les réseaux sociaux, la musique, le théâtre, la peinture, les fêtes de quartier, les associations d'entraide, les expositions, les conférences et autres rencontres faites d'intelligence partagée… Et nous pourrions faire un pas plus loin et allonger cette liste pour sanctifier notre argent, nos engagements politiques, notre manière de gérer le pouvoir, la recherche scientifique, etc. Pour ce faire, il nous faut apprendre à les désacraliser, à les profaner (au sens de les rendre profanes) pour leur enlever leur charge d'idoles et les ramener au rang d'outils, de simples moyens à notre disposition pour mener les projets au service de Dieu. Pour le dire avec les mots de la Bible : « Tout ce que vous faites, en paroles ou en actions, faites-le au nom du Seigneur Jésus, en remerciant par lui Dieu le Père. » (Col 3,17)

Oui, je sais… Il faut regarder en face l'amenuisement constant des Églises luthéro-réformées en France et dans la vieille Europe. Nous savons tous que nous portons notre part de responsabilité dans ce processus et que c'est aussi le fruit de notre très grande difficulté à témoigner de manière explicite, pertinente et ouverte de ce que nous croyons. L'enfouissement et le témoignage indirect, nous savons faire, mais nous savons aussi que cela ne produit pas beaucoup de fruits. On ne compte plus le nombre de nos enfants qui reconnaissent bien volontiers avoir été nourris au biberon de la culture et des valeurs protestantes mais qui ont quitté toute référence à la foi, dans cet « oubli de Dieu » dont parle si bien Gérard Siegwalt[4],

---

4. Gérard SIEGWALT, *La réinvention du nom de Dieu*, pp. 41-42.

comme des fruits qui ne seraient portés par aucun arbre… Pour nous justifier, nous parlons de pudeur, de notre refus du prosélytisme, du discrédit du discours croyant dans la société. Nous reconnaissons volontiers notre péché d'orgueil qui frappe notre prédication d'intellectualisme et qui rend compliquée la transmission à nos enfants. Nous sommes tous ouverts à la question de l'accueil et dans toutes les paroisses, c'est un véritable leitmotiv – presque un mantra –, mais nous savons aussi qu'on attend des gens accueillis qu'ils ne transforment pas trop notre très chère « Réglisse Déformée de Rance »[5]. Accueillir certes, mais sans changer notre manière de vivre notre culte, nos cantiques et notre manière de prier… Oui, c'est vrai, nous le savons tous, nous portons notre part de responsabilité dans ce lent processus de résistance au changement. L'immobilisme est en marche et rien ne semble en mesure de l'arrêter…

Mais si je regarde notre réalité géographique et sociologique, je me demande si nous ne vivons pas une sorte de redistribution du protestantisme historique luthéro-

---

5. Selon la formule pleine d'humour du pasteur Christian Davaine (ancien président de la coordination « Édifier – Former » de l'Église réformée de France).

réformé. Je crois savoir que le protestantisme réformé au XVIe siècle était un protestantisme pour les intellectuels, les nobles, les marchands et les personnes éduquées. Un protestantisme urbain qui se déployait de ville en ville par les colporteurs et les marchands, utilisant les derniers outils de la modernité (surfant sur l'invention de l'imprimerie comme nous le faisons aujourd'hui avec Internet) pour diffuser sa manière de comprendre l'Évangile. Ce protestantisme a été éradiqué par trente-cinq ans de guerres de religion suivis de cent cinquante ans de persécutions. Toute l'élite économique et intellectuelle a dû fuir à l'étranger (irriguant la Suisse, l'Allemagne, l'Angleterre, les Pays-Bas, etc. de ses compétences et de ses subsides) dans ce qu'on a appelé « le Refuge » tandis que les petites gens se terraient dans les campagnes du Poitou, de la montagne du Tarn, des Cévennes, de la Drôme et de l'Ardèche. On a appelé cette période de notre histoire « le Désert » en référence au récit de l'Exode et aux quarante ans passés dans le désert par le peuple d'Israël libéré de l'esclavage en Égypte… Du XVIIe au XXe siècle, notre protestantisme réformé a été transformé par la force des événements en un protestantisme rural. Chaque village reculé avait son temple et son pasteur. C'est ce protestantisme rural qui est en train de mourir par amenuisement démographique et sociologique alors que le protestantisme urbain, lui, se porte plutôt bien. Partout dans les grandes villes ou presque, les paroisses grandissent : Lyon, Marseille, Toulouse, Lille, Nantes… et la région parisienne. Notre protestantisme luthéro-réformé français est sans doute en train de redevenir ce protestantisme urbain qu'il était au XVIe. Cela crée une situation de déséquilibre et donne une responsabilité accrue à la région parisienne. Elle se doit d'assumer sa position privilégiée de milieu urbain qui concentre l'essentiel de la population, des richesses et des opportunités professionnelles. Elle ne traverse pas la même crise que les autres régions, et cela lui donne un devoir de solidarité fraternelle accrue. Le protestantisme urbain doit grandir parce que c'est possible et sans doute beaucoup plus facile qu'au fin fond des Cévennes.

Donner en vie

L'ÉMERVEILLEMENT, L'ACCUEIL, LA JOIE COMME PROGRAMME POUR UNE ÉGLISE dit quelque chose de fort de ce que cette Église se sent appelée à être. J'entends comme en écho : « Je suis le chemin, la vérité et la vie ». Cette parole du Christ que l'on a trop facilement transformée en entonnoir contraignant, point de passage obligé du Salut, ouvre à l'émerveillement, l'accueil et la joie car elle ouvre à la vie. Elle donne « en vie ». Notre témoignage de croyant doit donner envie, doit se donner « en vies ». Notre temps a besoin de témoins, pas forcément de héros, mais de témoins qui ont soif de sens et d'idéal et qui, déjà, étanchent leur soif à la source de cette eau promise à la Samaritaine. De témoins qui ont fait l'expérience de la rencontre avec ce Jésus capable d'entendre la soif de la Samaritaine en dépit de son impertinence, de sa liberté de ton et de vie, de son caractère d'étrangère défiant la tradition à laquelle il appartenait. De cette rencontre,

Jésus lui-même sort transformé. Il s'est laissé dérouter, il a décidé de séjourner plusieurs jours en Samarie au grand dam sans doute de ses disciples. C'est ce que j'entends quand vous appelez votre Église à se laisser transformer par l'accueil de personnes venues d'horizons différents, bien loin de nos connivences intellectuelles et spirituelles, de nos repères ecclésiaux, traditionnels et moraux.

Vous évoquez la sécularisation comme un phénomène contingent sur lequel il nous est possible d'agir, et non pas comme une réalité extérieure et inéluctable. C'est vrai que nous sommes spontanément tentés d'opposer religion et sécularisation, comme deux blocs qui entreraient en choc frontal, le plus fort faisant reculer l'autre. Bien au contraire, la sécularisation est inscrite au cœur de l'homme. Elle est son embourgeoisement, son assurance, son installation. Peut-être aussi sa réussite à vue humaine. Elle est aussi malheureusement parfois synonyme du refroidissement de son cœur, l'assèchement de sa soif, la perte de sa capacité à s'émerveiller.

En ce sens, la sécularisation est aussi une maladie de la religion. En christianisme, elle a un nom : chrétienté. C'est l'Évangile érigé en organisation morale, sociale et parfois même politique. Le christianisme peut alors se sentir fort mais il se vide de sa sève. Même si le protestantisme s'est construit en réaction aux excès d'une époque de chrétienté, nos Églises traditionnelles portent les stigmates, et peut-être aussi la nostalgie de repères prescrits par un christianisme naturel et dominant. Mais ce n'est pas le cœur de l'Église du Christ. Jésus ne cesse de s'opposer à la sécularisation du judaïsme de son temps, ces fameux pharisiens et autres maîtres de la loi qui nous tendent le miroir de notre propre sécularisation. Il nous faut sans cesse retrouver la folie de l'Évangile qui jamais ne s'installe et qui a pourtant besoin d'être porté par des structures, des Églises qui bâtissent, prévoient et s'organisent. C'est la dynamique du provisoire voulue par Frère Roger de Taizé : des structures d'accueil sont pensées et construites pour accueillir des dizaines de milliers de jeunes chaque année, mais les frères vivent de leur travail et rien n'est épargné d'une année sur l'autre.

N'ayons pas peur de la fragilité, d'une forme de précarité. Le christianisme s'est construit sur le martyre, étymologiquement le témoignage, et il n'est jamais aussi fidèle à l'Évangile que dans la minorité, et même parfois la persécution. N'ayons pas peur de la minorité à la condition d'être de véritables témoins, car la minorité convoque souvent à un surcroît d'intelligence. Nos Églises en Europe font l'apprentissage de la minorité, et c'est une chance de revenir à la source, à la condition de résister à la tentation du repli communautaire et de s'ouvrir à la mission.

S'adressant aux prêtres et personnes consacrées de l'Église catholique du Maroc, le pape François a martelé :

> *« Notre mission de baptisés, de prêtres, de consacrés, n'est pas déterminée particulièrement par le nombre ou par l'espace que nous occupons, mais par la capacité que l'on a de produire et de susciter changement, étonnement et compassion ; par la manière dont nous vivons comme disciples de Jésus, au milieu de celles et ceux dont nous partageons le quotidien, les joies, les peines, les souffrances et les espoirs. » (Cathédrale de Rabat, 31 mars 2019)*

De fait, l'histoire récente de l'Église catholique d'Algérie est l'histoire d'une perte progressive de tous pouvoirs, de toute utilité quantifiable, mais elle n'a rien perdu de son sens.

Dans cette perte de terrain de l'Église réformée de France, comme aussi de l'Église catholique, vous évoquez l'évolution sociologique en faveur des villes et au détriment des campagnes. Vous entrevoyez un retour aux sources après le mouvement de désertion des grandes métropoles dû aux guerres de religion et aux fratricides persécutions. Ce mouvement est aussi absolument observable pour l'Église catholique qui n'a pourtant pas connu la même face de cette sombre histoire.

Il s'explique sans doute en grande partie par la désertification économique, sociale et humaine du monde rural ou périurbain qui se sent vidé de sa vie. Le mouvement des gilets jaunes a rendu perceptible ce malaise. Sans doute que le christianisme, dès l'origine, a été spécialement à son aise dans les villes du fait de sa modernité intrinsèque, mais il n'empêche qu'il a été porté depuis des siècles en Europe par le monde rural. Le dynamisme remarquable et fécond de quelques paroisses urbaines ne peut faire oublier l'immensité des espaces vides de vie et vides de Dieu. L'Église catholique, du fait de sa pratique sacramentelle, aborde ce défi de la vacuité sous l'angle presque exclusif du manque de prêtres et donc du regroupement à l'infini de paroisses qui n'ont plus de paroisse que le nom. Nous savons qu'il faut revenir un christianisme de foyers, de proximité, de baptisés engagés. Il me semble que c'est dans l'ADN du protestantisme, moins clérical et mieux à même de faire refleurir le Désert, dans le Poitou, les Cévennes ou ailleurs !

* *
*

Faisons de la Mission notre joie

NOUS DEVONS GRANDIR… NOUS DEVONS ? Est-ce que l'obéissance à un devoir est un bon moteur, une source féconde pour notre mission ? Il s'agit sans aucun doute pour nous de répondre à un commandement qui met en route : « Allez, faites de toutes les nations des disciples… » (Mt 28,16-20) Fritz Lienhard nous le rappelle : « Une Église qui n'est pas missionnaire est une Église démissionnaire », qui fuit sa responsabilité, infidèle à Celui qu'elle prétend servir.

Alors, bien sûr, on connaît toute la charge négative qui colle aux basques des « missionnaires ». Et il faut regarder en face l'histoire lourde de colonialisme, de manipulations, de dérives sectaires et de forcement des consciences qui accole souvent le vocable honni de prosélytisme à nos velléités missionnaires. L'Église ne peut pas se prétendre propriétaire d'une quelconque mission. Ce n'est pas « notre » mission. C'est l'œuvre de Dieu. Notre premier défi est de nous rappeler que Dieu est déjà à l'œuvre. L'Évangile ne commence pas avec nous, mais c'est LUI qui a un projet pour ce monde et qui vient pousser dehors les disciples enfermés dans la chambre haute le jour de Pentecôte. À côté des excuses dilatoires que l'on se donne pour éviter de se mettre en route et qui masquent mal la peur qui nous prend au ventre au moment de dire ce qui nous anime et de partager nos convictions profondes, il ne faut pas sous-estimer l'orgueil qui transparaît derrière toute tentative de convaincre l'autre que ce soit par la séduction, la contrainte, l'argumentation implacable ou par la peur. Le prosélytisme usurpe la place de Dieu en prétendant convertir les cœurs et s'immiscer dans les consciences. Notre rôle n'est absolument pas de tout faire, mais de prendre notre modeste part dans l'œuvre que Dieu a déjà commencée.

Ainsi l'Église n'est pas au centre, mais c'est le Royaume de Dieu qui s'approche de nous qui doit être notre focus. Il ne s'agit pas de construire une stratégie pour faire grandir le chiffre de l'Église et l'empêcher de disparaître. Il s'agit d'offrir en partage la proximité du Royaume de Dieu ! C'est la vie vivante qui n'a pas de fin qui est en jeu et non la survie de l'Église (ce dont, je dois avouer, je me moque un peu). « Je n'ai pas honte d'annoncer la Bonne Nouvelle, elle est puissance de Dieu pour sauver tous ceux qui croient » (Rm 1,16) et « vérité qui nous libère » (Jn 8,32). Nous ne nous rendons pas témoignage à nous-mêmes, mais nous sommes des poteaux indicateurs qui indiquent le chemin qui passe par Christ : tu cherches Dieu ? C'est par là. Tu cherches un sens à ta vie ? C'est par là. Tu as peur de demain ? C'est par là… Tu penses que personne ne t'aime ou que tout est absurde, etc. C'est par là… Si l'idiot regarde le bout du doigt quand on lui montre la lune, l'imbécile, lui, infiniment plus dangereux, pense qu'il est propriétaire de la lune. Nous ne faisons que montrer la lune et l'Église ne doit pas oublier qu'elle n'est pas propriétaire de la lune. La vérité, c'est que nous ne faisons que montrer une direction.

À côté ou par-delà l'obéissance au commandement, l'engagement missionnaire peut aussi être une réponse à une grâce reçue : « Je ne possède ni argent ni or, mais ce que j'ai, je te le donne : au nom de Jésus-Christ, lève-toi et marche ! » disait l'apôtre Pierre (Ac 3,6-7). Une Église qui n'est pas missionnaire est une Église égoïste et autocentrée qui prétend garder pour elle ce qu'elle a reçu par grâce. Dans cet esprit, il s'agit moins d'une communication de l'Évangile comme message à comprendre que d'une « communication de l'existence » (comme disait le théologien danois Søren Kierkegaard) comme expérience à partager.

Enfin, notre mission peut être vécue comme un service rendu en réponse à un appel au secours, à la manière de Jésus qui demande « Que veux-tu que je fasse pour toi ? » (Mc 10,48-49 ; Ac 16,9) à celui qui crie vers lui en appelant à sa pitié. Une Église qui n'est pas missionnaire est une Église sourde et aveugle à la souffrance du monde et la diaconie fait partie de son être-même.

Tout cela participe de la diversité réelle et légitime de notre Église et je me demande si, tout compte fait, il ne faut pas se réjouir des tensions qui existent entre ces différentes manières d'aborder la mission dans notre Église : évangéliques confessants[1], chrétiens libéraux, chrétiens sociaux, réformés « canal historique », luthériens… chacun sa manière de témoigner de son expérience vivante. J'avoue qu'il m'arrive d'être agacé par cette manière récurrente de dénigrer ce que font « les autres » (ceux d'en face) mais, au fond, n'est-il pas souhaitable que la tension soit maintenue ? Si l'un de ces modèles missionnaires devait s'imposer face aux autres,

---

1. Dans l'Église protestante unie de France, on les appelle parfois « attestants ».

n'en serions-nous pas appauvris, amoindris, rabougris ?

Mais il est vrai que tout dépend de l'état d'esprit qui nous anime… À Jacques et Jean qui en appellent au feu du ciel pour consumer ceux qui auraient l'outrecuidance de résister à leur élan missionnaire, Jésus oppose une question de fond : « Vous ne savez pas de quel esprit vous êtes animés ! » (Lc 9,51-56) Je ne voudrais pas avoir mauvais esprit, mais il m'arrive de sentir comme un vent mauvais souffler dans mon Église quand elle est contaminée par cet esprit de comparaison et de compétition qui s'est emparé, semble-t-il, de l'ensemble de l'humanité. Nul ne semble épargné par le calcul d'intérêt. Chacun joue sa partition pour tirer son épingle du jeu, cherchant à se construire en se comparant aux autres. La compétitivité est devenue une valeur cardinale de nos sociétés et de notre manière de vivre. Chacun compare, juge, jauge, évalue, soupèse, compte, mesure à la fois ce qu'il a dans son assiette, mais aussi ce qu'il y a dans l'assiette de son voisin. Cet esprit qui nous habite – et en quelque sorte nous possède – réveille en nous un désir mimétique (en miroir) bien décrit par René Girard à la base de la loi de l'offre et de la demande (et donc du monde capitaliste dans lequel nous vivons). On ressent cela tout petit déjà : un jouet n'a de valeur que parce qu'il est utilisé par quelqu'un d'autre. J'en ai envie parce que l'autre l'a déjà. La jalousie et le ressentiment prennent le dessus sur tout esprit d'entraide et de solidarité.

Il est vrai que la compétition constitue un formidable moteur de motivation et la volonté de gagner un carburant de grande efficacité. Mais c'est un carburant « fossile » parce qu'il n'est composé que des cadavres en décomposition des perdants du système. Jésus parle de ce combat à mort dont il sera la victime… La Croix en est le symbole même. Le grand économiste protestant Charles Gide (oncle d'André Gide) estimait la coopération beaucoup plus efficace que la compétition d'un point de vue économique… Et Yuval Noah Harari prétend dans son livre *Sapiens*[2] que c'est justement la coopération qui aurait permis toutes les découvertes de l'*Homo sapiens*. Est-ce vrai ? J'ai envie de le croire, au moins d'essayer. Mais quand on voit l'incapacité de l'humanité à coordonner ses efforts pour ne pas détruire la planète, n'est-ce pas hors de portée ? Tous les êtres humains sont pris dans l'une de ces stratégies d'autojustification et d'autoconstruction… C'est ce qu'on appelle le péché en langage théologique. Et c'est un malheur.

---

2. Paris, Albin Michel, 2015.

L'Évangile de la Grâce qu'annonce Jésus s'oppose à cette logique implacable et mortifère. L'Évangile n'est pas et ne sera jamais construit sur la victoire des uns acquise sur l'humiliation des autres. À chacun le Seigneur dit : tu n'as besoin de rien pour être ce que tu es parce que Dieu t'aime tel que tu es, sans raison, avec tes failles, tes manques et tes blessures mais aussi avec tes forces, tes compétences et tes réussites. Sois libéré de ce souci qui te ronge de te construire toi-même en te comparant aux autres. Sois délivré de cette manie de rabaisser les autres pour te grandir. Parce que tu es une toute petite partie du vivant, tu es à égalité de dignité de tous les autres vivants qui partagent cette existence (plantes et animaux compris). Vous ne pouvez pas vivre les uns contre les autres. Vous vivrez ensemble ou vous mourrez ensemble. Vous avez besoin les uns des autres. Alors, aimez-vous les uns les autres ! C'est une question de vie ou de mort.

Alors, posons-nous la question : quel Esprit nous anime ?

André Dumas[3] peut nous aider à y voir plus clair en revenant à la définition même

3. André DUMAS, *Dietrich Bonhoeffer, une théologie de la réalité*, Genève, Labor et Fides, 1968, p. 99.

de l'Église telle que Dietrich Bonhoeffer l'a pensée :

> [L'Église] n'est ni une société religieuse constituée par des individus soucieux d'autoaffirmation sociologique, comme le disait Ernst Troeltsch, ni le Jean-Baptiste de l'événement de la Parole, comme le disait le premier Karl Barth, ni la médiation sacrée et infaillible du salut comme dans le catholicisme. L'Église est la présence du Christ, comme le Christ est la présence de Dieu. L'Église, c'est le Christ existant en tant que communauté[4].

Et Bonhoeffer de préciser :

> L'Église est le transpercement du monde par la merveille, par la présence du Dieu vivifiant, qui appelle de la mort à la vie[5].

Le transpercement du monde… Quelle magnifique expression ! Il ne s'agit donc pas de penser la croissance de l'Église comme une réponse à son lent déclin numérique, ni de penser la mission comme une straté-

---

4. Dietrich BONHOEFFER, *Sanctorum communio*, Genève, Labor et Fides, 2022, p. 93.

5. ID., « Qu'est-ce que l'Église ? » [1933], cité par André DUMAS, *Dietrich Bonhoeffer*, p. 328.

gie de croissance mais bien comme une réalisation de l'être de l'Église : rendre le Christ présent au cœur du monde, donner corps, continuer l'incarnation dans la réalité d'aujourd'hui. Cet être « missionnel » de l'Église (à différencier des activités « missionnaires ») est au fond un travail de réconciliation et d'unité de l'être et de l'acte, de l'essence et de l'existence, du dire et du faire, un acte de salut qui sort l'humanité de cette déchirure désespérante de ne pas faire ce qu'elle est, de ne pas correspondre à son moi profond. Je rêve d'une Église qui ne se préoccupe pas de son devenir mais de faire ce pour quoi elle est. Quand on fait ce que l'on est, enfin à sa place sans se renier, sans s'autocensurer, sans se perdre en route, sans devoir jouer des coudes pour exister sur le marché du religieux, sans stratégie de « comm » pour séduire ou pour choquer, faire le buzz et gagner la guerre de l'attention[6], alors, une joie imprenable nous habite et nous transfigure. Rendre le Christ présent dans le monde. Voilà l'Être de l'Église et la source de sa joie.

---

6. Yves CITTON, *Pour une écologie de l'attention*, Paris, Seuil (Points Essais), 2021, p. 263.

Église et royaume

« UNE ÉGLISE QUI N'EST PAS MISSIONNAIRE EST UNE ÉGLISE DÉMISSIONNAIRE », *dites-vous en citant Fritz Lienhard. Combien de fois a-t-on fait à l'Église catholique en Algérie le procès d'être une Église démissionnaire, timorée, au motif qu'elle n'est pas assez missionnaire, c'est-à-dire en fait, qu'elle ne convertit pas au christianisme suffisamment de musulmans. Au fond, ceux qui nous font ce mauvais procès confondent mission de l'Église et prosélytisme. Or notre Église est missionnaire, mais de fait elle n'est pas prosélyte. Ce n'est pas là simplement une différence d'approche missionnaire, de stratégie ou de sensibilité personnelle ou ecclésiale, c'est une différence de nature. Mission de l'Église et prosélytisme sont deux réalités différentes, même si sur ce point, je sais que je ne serai pas entendu par nombre de chrétiens, de toutes confessions, et par le plus grand nombre des musulmans au milieu des desquels je vis.*

La tentation prosélyte

Toute la différence entre mission et prosélytisme tient dans le regard que je porte sur l'autre différent et sur la part de vérité qui l'habite. Être missionnaire, c'est partir de l'autre, de sa foi, de sa soif, de sa quête, de sa part de vérité. Dans l'échange qui nécessairement, s'il est en vérité, nous transformera et lui et moi, il sera peut-être possible de laisser transparaître quelque chose de la présence de ce Christ qui m'habite et qui l'habite sans doute aussi, de cet évangile du Salut offert à tous. Être prosélyte, c'est au contraire partir de ma vérité à moi, absolutisée, au regard de laquelle la vérité de l'autre ne vaut rien, ou si peu. Être prosélyte, c'est avoir la prétention d'avoir le dernier mot sur Dieu, de posséder les clés du Salut.

Face à cette folle prétention, les paroles du bienheureux Pierre Claverie – dominicain, évêque d'Oran assassiné le 1er août 1996 – résonnent comme un fantastique antidote :

> *« Je suis croyant, je crois qu'il y a un Dieu, mais je n'ai pas la prétention de posséder ce Dieu-là, ni par le Jésus qui me le révèle, ni par les dogmes de ma foi. Nul ne possède Dieu, nul ne possède la vérité, et j'ai besoin de la vérité des autres. »*

Pure folie ou grande sagesse que ces paroles dans la bouche d'un évêque dont la responsabilité est d'annoncer l'Évangile et de défendre sa vérité ? En tous les cas, formidable antidote à la tentation prosélyte, à la tentation très humaine d'avoir raison à tout prix, a fortiori *sur Dieu. Je suis fondé à considérer que ma tradition religieuse désigne Dieu de façon très sûre, comme on indique une direction, mais aucune religion ne peut prétendre enfermer Dieu dans une définition dogmatique, aussi juste soit-elle. Il en déborde de toutes parts. Tentation tout aussi folle que celle de David de vouloir enfermer la présence de Dieu dans un temple, aussi magnifique soit-il.*

En tant que chrétien, je professe un Christ vrai Dieu et vrai homme porteur de Salut pour l'humanité tout entière. Mais je ne peux avoir la folle prétention d'avoir le dernier mot sur ce Christ et son projet de Salut pour le monde tant Il dépasse infiniment la connaissance et la conscience que je peux en avoir. Être missionnaire, c'est accepter une part de non-savoir sur Dieu mais aussi sur l'autre à qui je m'adresse ou qui m'interpelle.

Vous parlez avec raison de l'orgueil de vouloir imposer sa raison et sa vérité. Il est un autre moteur au prosélytisme, plus inconscient, plus subtil, c'est la peur. La peur de la part de la vérité de l'autre que je perçois et qui m'échappe. Ce qui nous paraît à l'évidence faux dans la foi de l'autre, dans sa façon de vivre, ne nous pose au fond pas un grand problème. Du moins aussi longtemps que cela ne nous atteint pas dans notre quotidien, comme c'est le cas en ce moment avec des musulmans de France que l'on a peut-être trop peu eu le souci d'intégrer comme des frères et des sœurs en humanité.

En revanche, ce qui, de façon diffuse, sonne plus juste dans la foi de l'autre, sa pratique, sa représentation de Dieu, nous insécurise bien davantage, même si nous ne pouvons pas nous l'avouer, même si cela ne vient pas à notre conscience. Si l'islam n'était qu'une hérésie satanique comme certains s'attachent à le qualifier, finalement, nous pourrions le combattre la Bible (ou les armes) à la main. Mais si l'islam fait vivre des hommes et des femmes en croyants dignes de foi dans leurs actes et leurs paroles, avec lesquels il est parfois possible de vivre une même expérience de la présence de Dieu, alors évidemment la mission de l'Église ne peut se réduire à un prosélytisme qui fait fi de la part de vérité de l'autre. Prendre le temps de rencontrer la personne, chaque personne, pour ce qu'elle est, avec ce qu'elle porte, partir d'elle et non pas de nous-mêmes, est la condition première de la mission, et donc d'une Église missionnaire.

Bien sûr que cette distinction, pour moi fondamentale, entre mission de l'Église et prosélytisme ne doit pas conduire au jugement, à la comparaison, aux anathèmes entre les dis-

ciples du Christ et leur façon d'annoncer leur foi. C'est là encore une tentation bien trop humaine pour ne pas tenter d'y résister, et vous en dénoncez à juste titre le poison. En Algérie, la comparaison, que certains de toutes parts voudraient rivalité, avec nos frères et sœurs des Églises évangéliques a fait rage. Elle est bien sûr au détriment de l'Église catholique en termes de nombre de baptêmes. À vue humaine, la réussite n'est pas plus du côté des Églises dites historiques en Algérie qu'en France, en Afrique et partout ailleurs dans le monde. La carte du christianisme est en profonde mutation. En tant que responsables d'Église, comment ne pas se remettre en question ainsi que vous le faites ? Que devons-nous entendre et que devons-nous tenir quoi qu'il en coûte ? Le risque est double : s'enfermer dans sa vérité et surtout ne rien changer ou, en sens contraire, se lancer dans la course à la ressemblance, au mimétisme, et pour cela remettre en cause certains de nos fondamentaux.

Plutôt que ces deux attitudes, mettons-nous à l'écoute du frère qui annonce différemment le Christ. Entendons ce qui sonne juste et que nous avons négligé, peut-être simplement par habitude. Réveillons-nous, mais gardons ferme la posture de laquelle nous pensons, après discernement, ne pas pouvoir nous écarter au risque de nous renier nous-mêmes. En quelque vingt années en Algérie, j'ai appris à chercher cette part de vérité qui m'échappe chez mon frère évangélique, algérien ou subsaharien. Je sais aussi davantage encore à quoi je tiens. J'ai compris que le Seigneur a besoin de chacun pour toucher les cœurs, que cela conduise ou non au baptême. La merveille, c'est que l'adversité nous a rapprochés, nous a permis de nous reconnaître et de nous respecter. Cet œcuménisme en acte est une source profonde de bonheur pour nous-mêmes et bien sûr sans doute aussi pour celui que nous appelons les uns et les autres « notre Père ».

L'Église et le royaume

La distinction entre mission et prosélytisme dessine en fait la distinction entre l'Église et le royaume. Accepter une part de non-savoir sur Dieu n'autorise plus la confusion entre Église et royaume. L'Église est au service du royaume mais elle n'est pas le royaume. Et en fait, dans la grande difficulté que vous évoquez de définir l'Église, il est bien sûr sa polysémie : Église-institution, Église-peuple de baptisés, Églises-confessions… S'il est un écueil à éviter, c'est celui de chercher à en déterminer les limites, au risque de la penser comme un royaume au sens humain du terme, c'est-à-dire un territoire, un espace politiquement constitué avec ses frontières, ses règles, ses codes… et ses bannis !

La formule de Dietrich Bonhoeffer q
vous citez – « l'Église, c'est le Christ exista
en tant que communauté » – *est belle. Mais échappe-t-elle complètement à la tentation de dresser des frontières ? L'Église est communauté, c'est certain, sinon, elle est vide de l'intérieur. Mais elle est aussi beaucoup plus que cela. Il en est de l'Église comme de la fraternité, elle dessine un espace délimité sans lequel elle n'existe pas, et en même temps elle appelle à son dépassement.*

En ce sens, cette autre parole de Dietrich Bonhoeffer que vous citez également est lumineuse : « L'Église est le transpercement du monde par la merveille, par la présence du Dieu vivifiant, qui appelle de la mort à la vie. » *L'Église du Christ au cœur transpercé comme transpercement du monde, voilà qui ouvre des horizons sans fin ! De ce transpercement, notre Église en Algérie est le témoin, dans le quotidien de nos frères et sœurs musulmans autant que chrétiens.*

Église de chrétiens et de non-chrétiens

J'aime à dire cette formule, en apparence un peu provocante, qu'en Algérie nous sommes une Église de chrétiens et de non-chrétiens. Non pas au sens où nous voudrions faire de nos amis et partenaires musulmans des chrétiens qui s'ignorent, ce serait insupportable.

Mais au sens où nous ne pouvons, en Église, donner notre témoignage sans la collaboration de partenaires musulmans. Ils (elles) se donnent sans compter au service de la vocation diaconale de notre Église qui est l'expression de son témoignage évangélique au cœur d'une société dont elle se veut partie prenante au point de se vouloir pleinement citoyenne. Ils (elles) ont eux aussi conscience de vivre un mystère de communion qui les dépasse, même s'ils (elles) ne deviendront jamais chrétiens. En faisant du bien ensemble, nous goûtons les uns et les autres quelque chose de ce « transpercement du monde par la merveille, par la présence du Dieu vivifiant, qui appelle de la mort à la vie ».

Jésus a promis que lorsque deux ou trois sont réunis en son nom, Il est au milieu d'eux. Jamais autant que lorsqu'il m'est arrivé de réussir quelque chose de beau et de grand avec des frères et des sœurs de religion ou de culture musulmanes, je n'ai senti cette promesse être tenue à m'en faire éclater le cœur.

* *
*

Puissions-nous répondre aux questions vitales !

ALORS, COMMENT FAIRE ? QUELS POURRAIENT ÊTRE LES MODES DE PRÉSENCE DU CHRIST dans un monde en feu, athée, sécularisé, voire opposé au christianisme ? Aux disciples qui incitaient Jésus à renvoyer les foules pour qu'elles se trouvent gîte et couvert, la réponse « Donnez-leur vous-même à manger » (Lc 9,10-17) sonne comme un renvoi dans nos buts : il n'y a pas de délégation de mission comme il y a une délégation de service public. Cela évoque pour moi ce qu'on appelle aujourd'hui « une entreprise à mission », parce qu'elle « déclare sa raison d'être à travers plusieurs objectifs sociaux et environnementaux »[1], une entreprise qui annonce la couleur en disant clairement ce pour quoi elle est faite. On ne peut pas demander à d'autres d'être l'Église à notre

1. Selon le site officiel du ministère de l'Économie et des Finances !

place ! On ne peut pas se contenter de donner un chèque pour que d'autres agissent en notre nom. Dans sa lettre de prison du 3 août 1944, Bonhoeffer écrit à son ami Eberhard Bethge :

> L'Église doit sortir de sa stagnation. Il nous faut respirer au grand air dans la confrontation spirituelle avec le monde. Il nous faut même risquer de dire des choses contestables, pourvu que des questions vitales soient soulevées[2].

Et des questions vitales il y en a ! J'en propose quatre : comment aimer et être aimé ? Comment vivre une vie digne ? À quoi ça sert de vivre ? Que pouvons-nous espérer ?

1. Aimer et être aimé

C'est un besoin vital que d'aimer et être aimé, exister pour quelqu'un. C'est même le premier des besoins des nouveau-nés. Parce que nous sommes des êtres de relation, tous les humains ont besoin d'affection, d'amour, de tendresse et de réconfort. « Si je n'ai pas l'amour, je ne suis rien », dit

2. Dietrich BONHOEFFER, *Résistance et soumission*, Genève, Labor et Fides, 2006, p. 449.

l'apôtre Paul (1 Co 13,2). J'aime donc je suis. Je me sens aimé et cela me donne des ailes, une puissance de vie incomparable.

Et ça, nous savons le faire et le vivre. L'Église sait créer du lien, offrir une communauté, générer un sentiment d'appartenance et de sécurité, le sentiment de faire corps, d'appartenir à une famille, de faire un avec les autres comme une corde tressée de fils multiples : « une corde à trois brins ne rompt pas facilement... » (Qo 4,12)

En ce sens, nos repas communautaires sont notre première et sans doute notre plus grande force. Le Corps du Christ s'incarne dans la vie communautaire de nos Églises locales et c'est un véritable service public que nous offrons. Pas besoin de diplôme ou de formation... « Persévérez dans l'amour fraternel, dit l'épître aux Hébreux. N'oubliez pas l'hospitalité ; car en la pratiquant, certains ont accueilli des anges sans le savoir » (He 13,1). L'amour constitue la porte d'entrée vers le Christ et avec lui tous les mots qui parlent du lien fraternel : la paix, le pardon, la communion, la réconciliation, l'amitié, la fraternité, la promesse, l'engagement...

Pour en parler, depuis deux mille ans, les chrétiens utilisent le mot grec de *koinonia* qui peut se traduire par « communion ». Ce mot signifie que Jésus n'appelle pas les gens tout seuls, il les appelle à faire corps, communion, communauté, à se tenir ensemble… Parce que Dieu est amour et que l'amour est une relation. « C'est à l'amour que vous aurez les uns pour les autres que tous sauront que vous êtes mes disciples », dit Jésus (Jn 13,31). La diversité bien réelle dans nos Églises qui rassemblent des gens de tous les horizons géographiques, sociologiques, culturels et spirituels témoigne de manière très concrète de cet amour de Dieu pour tous : « Parthes, Mèdes, Élamites, habitants de Mésopotamie, de Judée, de Cappadoce, du Pont, d'Asie, de Phrygie, de Pamphylie, d'Égypte, de Libye cyrénaïque, citoyens romains, juifs et prosélytes, crétois et arabes, nous les entendons dire dans notre langue les œuvres grandioses de Dieu… » pouvons-nous lire dans le récit de Pentecôte du livre des Actes (Ac 2,9). Notre témoignage, ce sont nos actes. Notre Bible, c'est notre vie communautaire : quelle image donnons-nous du christianisme dans nos communautés ?

Mais dans le même temps, il ne s'agit pas de confondre l'amour adelphique[3] avec une émotion fantasmée d'une harmonie sans tension ni conflit ! Sans doute faut-il retrouver cette distinction que Dietrich

3. Du grec qui englobe les frères et les sœurs dans un même terme…

Bonhoeffer propose entre communauté psychique et communauté spirituelle[4]. Une communauté psychique s'attache à scruter, ausculter, analyser la qualité de cette fameuse « relation privilégiée » qui relie (ou pas !) ses membres pour en mesurer l'intensité, la valeur, la qualité, la solidité ou la fragilité... Sur le mode « Je t'aime, moi non plus », ce lien est alors plus ou moins rapproché ou distendu en fonction des aléas de l'histoire commune, entaché de culpabilité ou de ressentiment au gré des vexations réciproques. À l'inverse, la communauté spirituelle n'est pas fondée sur un lien direct et immédiat entre ses membres mais se sait fondée par le seul lien du Saint-Esprit. Autrement dit, la relation privilégiée qui unit ses membres n'est pas dépendante du vécu réciproque, des émotions, ou des circonstances historiques plus ou moins troublées qui ont émaillé cette histoire commune. Cette relation est spirituelle parce qu'elle passe par le Christ. Si Église il y a, c'est parce que le Christ se rend présent en s'approchant de chacun personnellement en tant que frère. De ce fait, par-delà la diversité des Églises et des courants spirituels qui la traversent, la communauté chrétienne est composée de frères et de

---

4. Dietrich BONHOEFFER, *De la vie communautaire*, Genève, Labor et Fides, 2007, pp. 34ss.

sœurs qui ne se sont pas choisis. Peut-être n'ont-ils rien de commun, pas forcément d'atomes crochus, aucun souvenir partagé, et il est même possible qu'ils s'opposent de manière conflictuelle. Mais ce sont mes frères et mes sœurs parce que le Christ s'est approché d'eux comme il s'est approché de moi. La fraternité est un lien spirituel qui se reçoit dans la gratitude, une manière pour Dieu de se tenir au milieu de nous. Puissions-nous un jour dire comme l'apôtre Paul, chez nous : « Il n'y a plus ni juif ni grec, ni homme libre ni esclave, ni homme ni femme, car tous nous sommes UN en Jésus-Christ » (Ga 3,28) !

2. Une vie digne d'être vécue

Autre besoin aussi vital qu'universel : mener une vie digne et belle. Pour ce faire, nous avons tous besoin d'attention, de reconnaissance, de valorisation personnelle et de réussite. Mais, confrontés à l'impossibilité et parfois à l'incapacité d'être acteur de leur propre existence, nombre de nos contemporains se sentent paralysés dans une existence empêchée, engluée, bloquée, figée. Certains se sentent manipulés et s'enfoncent dans le complotisme, d'autres se sentent floués par le système à toujours regarder passer les trains sans jamais monter dedans. Cela provoque un vif sentiment d'injustice et d'humiliation, source de colères, de révoltes et de violences comme lors de la crise des gilets jaunes. Si vous me permettez ce jeu d'homophonie, j'aimerais décrire comme péché justement ce qui empêche la dignité et la beauté de notre vie. Une vie en-péché est une vie empêchée, recroquevillée sur elle-même (*incurvatus in se* disait Martin Luther), tel ce paralysé qui a besoin d'être descendu à travers le toit par ses amis pour être placé en présence de celui qui peut le guérir au tout début de l'évangile de Marc (Mc 2,1-12), ou comme cet autre paralytique scotché et impuissant, depuis trente-huit ans au bord de la piscine de Bethzatha à jalouser ceux qui plongent dans l'eau dès qu'un ange la fait frémir (Jn 5,1-18). Je crois, moi, que le péché d'aujourd'hui prend justement cette forme de paralysie qui immobilise la vie de tellement de nos contemporains. Je crois également qu'il y a beaucoup d'obstacles qui les empêchent d'arriver en présence du Christ. Il me semble que beaucoup se sentent coincés, paralysés par la peur devant la violence du monde tel qu'il va, le sentiment d'impuissance et d'écrasement devant tout ce qui nous échappe, le ressentiment et la colère devant la réussite de quelques-uns vécue comme une injustice insupportable.

Besoin vital donc d'être remis en route, de sortir de l'ornière qui bloque notre existence. Et cela aussi nous savons le faire dans l'Église. Depuis toujours il y a eu des « diacres » dans nos Églises qui se chargent d'aider les gens à se relever. Rendre l'homme capable de sa propre existence, disait Paul Ricœur. Et pour cela, la quasi-totalité de nos Églises locales ont développé depuis fort longtemps des services et des réseaux d'entraide et de solidarité. Pour les personnes dans la très grande précarité, dans le domaine de la santé et du médico-social, dans l'enfance et la jeunesse, pour les personnes en situation de handicap, pour accompagner celles et ceux qui sont coincés dans leurs parcours de migration. Le mot grec utilisé dans l'Église pour en parler est *diakonia* qui a donné le mot « diaconie ».

Quand Jésus envoie ses disciples en mission dans l'évangile de Matthieu, il est dit : « Jésus appela ses douze disciples et leur donna autorité pour chasser les démons et guérir toutes les maladies et toutes les infirmités… » (Mt 10,1) Il faut, je crois, distinguer le pouvoir de l'autorité. Le pouvoir relève de la possibilité de forcer le passage en obtenant ce que l'on veut sans attendre l'assentiment des personnes concernées parce que nous saurions mieux qu'elles ce dont elles ont besoin. Et l'on connaît tous les prises de pouvoir inconscientes de certains bénévoles qui veulent faire le bien des autres. L'autorité, elle, parle de la capacité à écouter pour entraîner les autres avec leur pleine adhésion. Et il existe différentes sources d'autorité : la compétence, le statut, le mandat, le charisme, etc. Jésus, lui, donne à ses disciples une autorité de service avec un mandat précis et limité pour chasser les esprits impurs et guérir toutes les maladies et toutes les infirmités. Derrière cette « autorité de service », je comprends une sorte de « capacitation » (*empowerment* en anglais) pour que les disciples entendent les cris de détresse étouffés par le brouhaha du monde… À sa suite, je rêve d'une Église au service des gens qui n'en font pas partie, dans ce double enjeu de libération (en aidant les personnes à sortir de ce qui les empêche de vivre) et de soin (pour apaiser, réparer, soigner, relever celles et ceux que la vie a fait tomber). Notre vocation consiste peut-être à essayer de redonner du courage d'être (selon l'expression de Paul Tillich[5]), de la puissance d'agir, du désir d'inventer et de créer du neuf, de l'envie d'aimer le monde et les autres, la possibilité d'imaginer demain à tous ceux qui sont paralysés par la peur, la colère ou la dépression. Ce

5. Paul TILLICH, *Le Courage d'être*, Genève, Labor et Fides, 2014.

n'est qu'à cette condition que l'Évangile redeviendra une Bonne Nouvelle.

Je crois que la diaconie fait partie de l'être-même de l'Église, non seulement pour donner corps à l'amour par le combat de la justice, mais aussi et peut-être surtout pour remettre des gens en route, les aider à se relever, à reprendre pouvoir et autorité sur leur propre existence après un moment difficile. « Je n'ai ni argent ni or mais ce que j'ai, je te le donne : au nom de Jésus Christ, lève-toi et marche ! » (Ac 3,6) Puissent les chrétiens continuer d'être des agents propagateurs de la résurrection !

3. Un sens à sa vie

Il y a une troisième question vitale que tout le monde se pose : « À quoi ça rime de vivre ? Pourquoi je suis là ? » Confrontés à la folie d'un monde qui nous échappe par ses changements trop rapides, nombreux sont ceux qui pensent leur vie insignifiante et absurde. Nous avons tous besoin de comprendre et de mettre du sens et de la rationalité dans notre existence. Et il y a beaucoup d'exemples autour de nous de personnes qui, en ce moment, se sentent prêtes à tout quitter pour changer de vie. Mais changer de vie pour quoi ? Dans quel but ? Si attente il y a, naît-elle d'un désir qui se creuse à partir d'une insatisfaction, d'un manque, d'une frustration, d'un pas assez qu'il faudrait combler ? Ou naît-elle d'un trop-plein, d'un excès, d'un sentiment de saturation, d'étouffement, voire de paralysie ? Bien entendu, chacun répondra en fonction de son vécu, mais à chaque fois se cache au fond de notre être une impression de divorce d'avec la réalité et le monde tel qu'il est. Et ce divorce d'avec sa propre vie prend de multiples formes. La nostalgie pour certains (hier c'était mieux), l'idéalisme pour d'autres (du passé faisons table rase et vive la révolution !). Certains se réfugient dans un arrière-monde fantasmé, et c'est pourquoi complotistes et fanatiques religieux sont souvent si proches. D'autres se replient sur leur monde intérieur déconnecté des autres et d'un dehors vécu comme hostile et dangereux. Il arrive même qu'on entende dire que l'homme d'aujourd'hui n'attend plus rien, pris par une sorte de nihilisme aquoiboniste, cynique et désabusé… L'individualisme serait la pointe visible d'un iceberg avec, sous sa ligne de flottaison, tout un cortège de refus : de voter, de se faire vacciner, de participer à l'effort commun pour protéger la planète, de payer des impôts, d'accueillir des étrangers, de faire des enfants, etc. Qui leur jettera la première pierre ? Trouver un sens à sa vie, savoir ce qu'on vient faire là, quelle peut être notre place dans ce grand barnum… Serait-il possible qu'il y ait là un rôle pour nous, même un tout petit, même au second plan ?

Là encore, nous avons quelque chose à proposer. C'est même, si j'ose dire, notre cœur de métier ! Le terme grec que les chrétiens utilisent depuis deux mille ans pour en parler est *marturia* que l'on traduit par « témoignage ». Aider chacun à réfléchir à sa propre existence pour qu'elle retrouve sa liberté. Donner du sens pour ne plus subir mais (re)devenir acteurs, libres et responsables. Aider à sortir de l'éclatement, de la dispersion, de l'absurdité, du non-sens par l'unification de soi. Oser témoigner de ce qui nous habite.

Il faut dire que dans ce domaine, il ne s'agit pas d'enseigner. Nous ne savons rien de plus que les autres qui pourrait être donné à croire. Mais nous pouvons tous témoigner de ce que nous vivons et qui donne du sens à notre existence. Nous ne sommes pas en position de surplomb mais en situation de chercheurs de vérité, des compagnons au cœur de la société. Mais nous pouvons prendre notre place dans l'espace public sans nous excuser d'être là. Puissions-nous arrêter de nous auto-effacer dans notre compréhension falsifiée de la laïcité ! Nous pouvons continuer, humblement, à réfléchir avec les autres pour partager notre expérience de la vérité, et témoigner de ce qui fait sens pour nous. Peut-être pourrions-nous nous employer à rouvrir un espace d'interrogation dans un temps saturé par les affirmations péremptoires qui capturent l'avenir ? Et si tout n'était pas terminé ? Et si le dernier mot de l'histoire n'avait pas été dit ? En éclairant le sens du présent, notre parole doit rendre possible un choix et donc l'exercice d'une liberté. Face aux limites de ce qui semble réalisable, il est important de faire retentir la voix de l'absolu de ce qui est souhaitable. C'est l'appel de Paul Ricœur à l'Église confessante : puisse-t-elle maintenir la pression constante d'une requête utopique devant les tenants de la morale de responsabilité ! Pour nous qui croyons en la résurrection, nous espérons rien de moins que l'impossible. Puissions-nous faire entendre, envers et contre tous, la voix de la Grâce, « la grâce de l'imagination, la grâce du possible, la grâce du surgissement »[6]. Et sur ce chemin exigeant, nous nous devons, inlassablement, de continuer à démystifier les idoles qui nous entourent, parce que nous tenons l'intelligence de la foi pour essentielle à la liberté de conscience. Et la liberté

6. Paul Ricœur, *Plaidoyer pour l'utopie ecclésiale*, Genève, Labor et Fides, 2016, p. 26.

de conscience comme la mère de toutes les libertés parce qu'elle est le lieu où Dieu nous tient pour son vis-à-vis. Elle est le lieu de l'inhabitation de Dieu au cœur de la réalité du monde. « Va vers toi, va pour toi. Quitte ton pays, ta parenté et la maison de ton père et va dans le pays que je te montrerai. Je ferai naître de toi un grand peuple ; je te bénirai et je rendrai ton nom célèbre. Tu seras une bénédiction pour les autres », dit Dieu à Abram (Gn 12,1-2). Puissions-nous faire entendre pour chacun cet appel à la vie vivante et signifiante !

4. En lien avec l'absolu

Et puis, *last but not least*, nous avons tous besoin d'une vie plus grande que soi, de toucher l'essentiel, l'absolu, l'éternité et d'être portés par une vision pour l'avenir, des projets possibles, des valeurs à défendre, porteurs d'une espérance. Pensez à ces jeunes qui ne voient aucune issue à la crise climatique et qui sombrent dans le désespoir d'une catastrophe inéluctable. Ils refusent de faire des enfants en pensant qu'il est déjà trop tard. Quel malheur ! Pour voir plus loin et plus grand, pour sortir la tête du guidon et regarder à nouveau l'horizon avec espérance, nous avons tous besoin de sacré, de transcendance.

À quoi sert l'Église si ce n'est pas elle qui aide les gens à faire le lien avec le divin ? N'est-ce pas notre rôle que de susciter les occasions d'une rencontre personnelle avec le Christ ? À quoi servons-nous si ce n'est pas pour donner du souffle à ce qui manque d'air, inspirer pour sortir de la platitude, expérimenter l'inhabitation du souffle divin dans notre existence essoufflée ? Que fait l'Église si ce n'est d'offrir un temps à part, un temps hors du temps, pour se connecter avec Dieu, l'éternité, l'immensité, l'océanique, l'absolu, quel que soit le nom qu'on lui donne ? N'est-ce pas notre rôle d'offrir à nos contemporains des lieux de lenteur et d'éternité quand tout s'accélère et se précipite ? Offrir un temps de silence, de méditation et d'écoute quand le monde est dans la vocifération assourdissante et le brouhaha incessant ? C'est là un véritable service public rendu à l'humanité. Voilà pourquoi nous appelons cette 4e marque de l'Église *liturgia*, traduit par le dictionnaire étymologique comme « le service pour le bien commun des citoyens ».

Le culte, la prière et la lecture de la Bible sont nos outils privilégiés dans ce service pour le bien commun. Par eux et grâce à eux s'offrent à vivre un sentiment de plénitude et de joie par la gratitude de recevoir un cadeau immérité et immense, la jubilation intense de la rencontre qui bouleverse, l'expérience religieuse universelle de contact avec l'absolu, la transcendance, le numineux[7], ce « par-dessus tout » dont parle l'épître aux Colossiens : « Et par-dessus tout, ayez de l'amour, ce lien qui vous permettra d'être parfaitement unis » (Col 3,14). Parce qu'en vérité, il y a un « par-dessus tout ». Il y a un quelque chose, quelque part, quelqu'un qui nous dépasse absolument, qui est au-delà de ce que l'on peut penser, croire, savoir, démontrer, prouver et même imaginer. Un Tout-Autre qui ne se donne à rencontrer qu'en s'échappant toujours à nouveau. Mais « on » voudrait croire que notre monde est devenu matérialiste et que la société rejette le religieux. On voudrait croire que la science et l'humain augmenté vont répondre à toutes nos questions. Que la sécularisation et la laïcité vont réussir à contenir le religieux dans la sphère de l'intime et de la vie privée pour celles et ceux qui ne peuvent décidément pas s'en passer. Que croire au divin serait devenu obsolète, ringard, voire dangereux. Que l'humanité serait arrivée à l'âge adulte et devrait désormais pouvoir se passer de cette hypothèse, pour faire écho à Pierre-Simon de Laplace répondant à Napoléon qui lui faisait remarquer qu'il

7. Cf. Fritz Lienhard, *L'avenir des Églises protestantes*, p. 186.

n'était fait nulle mention de Dieu dans son explication de la « mécanique céleste » : « Sire, je n'ai pas eu besoin de cette hypothèse. » Je crois profondément qu'« on » se trompe : la question de l'absolu reste et demeure une question vitale pour l'humanité qui regarde au-delà d'elle-même. Nous avons tous besoin d'un « par-dessus tout », d'un au-delà de notre horizon, d'un plus grand que nous. Que l'on conteste les Églises et les religions dans leur fonctionnement, dans leur gestion du pouvoir, de l'argent, de la place des femmes, de leur volonté de forcer les consciences, tout cela est salutaire et justifié ! Mais cela n'épuise pas la question du « par-dessus tout ».

Cette manière de croire, qui ne prétend pas valoir plus que les autres manières de croire, est source de reconnaissance. C'est un socle sur lequel il me semble bon de pouvoir construire sa vie, un choix de vie qui s'offre à nous. D'un côté il y a les passions tristes qui déchirent notre société, du ressentiment et de la colère, de la jalousie et de l'individu-roi, du profit des uns et de l'humiliation des autres. De l'autre, il y a la possibilité de bâtir sa vie sur l'air d'une chanson d'amour qui parle d'émerveillement et de gratitude. « Chantez au Seigneur un chant nouveau car il a fait des merveilles ! » dit le Psaume 98. J'aime l'idée de placer notre existence sous la bénédiction d'un choral du 5e évangéliste : « Oh Jésus que ma joie demeure ».

Koinonia, diaconia, marturia, liturgia. Quatre modes de présence du Christ au cœur de notre réalité. La mission de l'Église ne réside pas dans un faire, une stratégie, un business plan, mais dans un être, et même, quatre différentes manières d'être qui n'imposent rien mais qui proposent des ressources, un fond à disposition pour y puiser de quoi réparer le monde : l'attention au plus petit dans la vérité de l'amour, la parole de liberté qui arrache à la paralysie d'une vie engluée, la joie imprenable de la rencontre essentielle, l'instant d'éternité qui advient et qui change la vie, une réconciliation harmonique du croire et du réel, une vie vivante où l'on fait enfin ce que l'on est, en adéquation avec sa propre existence, avec et pour les autres, faiseur de paix et partageur de joie dans le monde. Et « tout ceci, dit l'épître aux Éphésiens, en vue de l'œuvre du service et de l'édification du corps du Christ, jusqu'à ce que nous soyons tous parvenus à l'unité de la foi et de la connaissance du Fils de Dieu, nous prendrons ensemble une stature parfaite d'adultes, à la mesure de la plénitude du Christ » (Ep 4,13).

Quête de sens ou quête de repères ?

LE MONDE EST-IL EN QUÊTE DE SENS OU EN QUÊTE DE REPÈRES ? Cette question ne traverse pas seulement l'Église mais toutes les religions et bien des modèles sociétaux à travers le monde. Elle dessine un rapport au monde, un modèle d'Église. Spontanément, les religions se pensent souvent davantage en gardiennes des repères qu'en accompagnatrices des quêteurs de sens. C'est sans doute plus simple et plus rassurant. C'est aussi dans leur ADN d'être normatives.

C'est un lieu commun de dire que le monde va mal parce qu'il est en perte de repères. À voir. Bien loin de moi l'idée qu'il n'existe pas de normes à connaître, intégrer et respecter ! Il n'est pas possible de se construire, d'être un homme ou une femme debout si l'on fait fi des repères religieux, sociétaux, fondements d'une vie humaine en société. De même, Dieu qu'il est difficile et aléatoire de faire un jour une vraie rencontre intime avec le Christ lorsque l'on n'a pas été bercé et élevé dans une culture et une foi chrétiennes.

Il n'empêche que l'Évangile est tissé des rencontres de Jésus avec des assoiffés de sens. Il passe ses journées à répondre à des questions existentielles, des appels à l'aide pressants : « guéris-moi ! » Son discours n'est pas normatif, il étanche la soif des assoiffés de sens, rejoint les personnes dans l'épreuve, libère les possédés, relève les paralytiques. C'est ainsi qu'il annonce la bonne nouvelle du Salut. Cette soif est toujours là aujourd'hui, en attente d'être étanchée.

Nos Églises, notre Église est attendue là. Elle ne dispose pas de réponses toutes faites, même si elle dispose de son dépôt de foi, de ses certitudes et de ses fondamentaux. À une quête de sens, la proposition de repères plus ou moins universels ne suffit pas. Pas plus d'ailleurs que l'acquisition de repères solides reçus de l'éducation n'exonère de la quête de sens, même si elle se pose différemment. Sinon, ce serait courir le risque de vivre toute son existence à la périphérie de sa vie. La quête de sens est à la fois universelle et éminemment personnelle. Personne ne dispose des réponses pour les autres. Tout l'enjeu est de partir des questions sans préjuger des réponses, sans penser que nous avons d'emblée les réponses. Nous pouvons guider, accompagner, parfois énoncer une conviction profonde, une expérience, une espérance, mais il nous faut rester sur le seuil de l'espace sacré de l'intime de la personne. Là encore, poser une part de non-savoir sur l'autre, sur son rapport à Dieu, sur ce qu'il (elle) porte de trésor en lui (elle).

En ces temps qui sont les derniers

La quête du sens de la vie, les questions existentielles sont de toujours à toujours, et c'est tant mieux. Le pire est lorsque les conditions de (sur)vie ne donnent pas accès à ce questionnement existentiel, le combat pour la subsistance prenant le pas sur la part du rêve. Mais à chaque époque, dans chaque contexte, ces questions se posent à frais nouveaux. Le XXe siècle a été un siècle de grands bouleversements et les modèles parentaux ont le plus souvent perdu de leur pertinence pour les enfants. On a de moins en moins « la vie de ses parents ». Au XXIe siècle les bouleversements climatiques, sociopolitiques, l'accélération phénoménale des progrès scientifiques rebattent de façon plus radicale encore les cartes des questions existentielles que vous citez. À vue humaine, qui peut dire ce que sera la vie sur la Terre dans cinquante ans ? Que sera la vie en Europe après l'apparente faillite actuelle des grandes organisations internationales de paix et la reconstitution d'antagonismes frontaux ? Comment poser les questions fondamentales du sens de la vie quand, à l'horizon d'une seule génération, il n'est pas garanti que les conditions d'existence seront encore réunies ?

Cette interrogation fondamentale de savoir comment et pourquoi vivre en une période de possible fin d'un temps (ou fin des temps) concerne en premier lieu la jeune génération, mais elle nous interpelle tous, a fortiori *nous, en situation de responsabilité dans l'Église. Comment vivre de façon juste la vie qui nous est donnée de vivre, dans l'espérance, sans faux espoirs, alors qu'un processus de changement climatique semble inexorablement engagé ? C'est pour moi une interrogation fondamentale.*

Face à cette interrogation, nous disposons d'éléments de réponse dans l'Évangile. L'incarnation de Dieu en la personne de Jésus, sa mort et sa résurrection nous ont placés dans des temps qui sont les derniers (Ap 11,18)… même s'ils durent depuis deux mille ans ! L'Évangile nous inscrit à la fois dans un instant présent et une éternité. À la lumière de l'Évangile, il nous faut habiter ce présent, cette époque qui est notre époque et qui est belle, et l'inscrire dans une dimension d'éternité en dépit des incertitudes du futur. Plus que jamais, notre époque aura besoin de témoins qui vivent l'instant présent, avec conscience, comme s'il devait durer toujours, comme s'il pouvait s'arrêter demain.

Aimer et être aimé

Parmi les questions existentielles que vous énoncez cher Samuel, il en est une qui a retenu mon attention d'une façon particulière : le désir d'aimer et d'être aimé. Elle me renvoie à une expérience récente, le baptême de Marie. Marie a à peu près mon âge mais c'est encore une petite fille qui le restera toujours. Elle est aussi à sa manière une très grande dame, et c'est pour moi une sœur chère à mon cœur depuis une vingtaine d'années. Je vois de plus en plus fréquemment Marie assise au fond de l'église pendant la messe, je pense qu'elle cherche simplement notre présence… et je sais que Marie est curieuse ! Un jour, elle me demande le baptême. Des voix s'élèvent pour dire que c'est impossible tant elle ne peut avoir aucune intelligence de la foi, aucun accès réel à une forme de catéchisme, aucune idée de ce qui noircit les pages de ce livre. Pourtant, même si je sais que je n'aurais jamais le moindre écho de son cœur à cœur avec le Seigneur, je le sens là, avec des représentations, des sensations qui ne sont pas les miennes. En avant pour le baptême ! Sans que nous l'ayons voulu, l'Évangile du jour de son baptême est la joie de Jésus de voir que ce qui a été caché aux sages et aux savants a été révélé aux tout-petits !… Et ce que donne à voir la vie de Marie, c'est une vie dont le seul moteur est d'aimer et d'être aimé. Elle est au service de tous, n'oublie aucune date importante pour celles et ceux qu'elle connaît, en n'ayant bien sûr jamais rien noté. Elle adore faire des cadeaux autant qu'en recevoir. Ce qui est troublant, c'est que nulle considération d'ordre moral ne vient la motiver. L'évidence est là que Marie vit sans en avoir vraiment conscience le plus haut de l'aspiration humaine, le plus haut du message évangélique : aimer et être aimé. Le baptême de Marie fut pour nous un grand moment d'Église.

Tout donner et se donner soi-même

Dans la liste des questions existentielles pour lesquelles nos Églises, notre Église peut avoir une parole de vie, j'ajouterai l'aspiration profonde à donner et à se donner. Ensemble, nous sommes d'une façon particulière le Corps de Celui qui s'est entièrement donné à sa création jusqu'à mourir sur la croix. À contre-courant de l'esprit de réussite, de pouvoir, de possession si répandu dans le monde, nos Églises, notre Église, chaque baptisé est invité à se rendre sans cesse à la source du don, à trouver sa joie dans le don. Une vie donnée ne pourra jamais être une vie ratée. Nous accueillons en Algérie, année après année, des étudiants subsahariens pour quelques années d'études. Invariablement, ceux et celles qui ont le cœur le plus gros en quittant ce pays dans lequel ils (elles) ont vécu des années décisives de leur vie, des amours aussi, sont ceux (celles) qui ont le plus donné d'eux-mêmes au service de la communauté chrétienne ou dans la vie universitaire. La force du don est phénoménale. Si nos communautés sont des communautés où l'on peut se poser et se reposer, aimer et être aimé et se donner sans mesure, alors elles seront des communautés pleinement missionnaires !

* *
*

L'Église comme laboratoire

À QUOI SERT L'ÉGLISE ? À RIEN MANIFESTEMENT ! Pour la plupart de nos contemporains en tout cas, elle n'est d'aucune utilité et il lui arrive même d'être nuisible, voire dangereuse… C'est normal et, d'une certaine manière, c'est une chance ! Puisqu'il n'y a plus aucune pression sociale qui nous contraint à venir nous asseoir dans les temples (et c'est tant mieux !), l'Église n'existe que pour celles et ceux qui y reçoivent quelque chose d'important pour leur existence. Sa raison d'être ne réside que dans le service qu'elle est capable de rendre. Pour nous qui en bénéficions, l'Église nous sert de « laboratoire », dans les trois significations du mot…

1. Le laboratoire, un lieu d'expérimentation

Fritz Lienhard nous fait remarquer que

> le verbe latin *perior*, à l'origine du terme « expérience », parle d'abord d'éprouver. L'expérience est une affaire sensorielle. [...] L'expérimentation représente la condition d'une connaissance fiable [...]. Le détenteur de la connaissance ainsi acquise est désigné comme un « expert »[1].

La vérité aujourd'hui est toujours une vérité subjective éprouvée par l'expérience. Puissions-nous penser nos Églises comme des lieux d'expérimentation. Expérimentation d'une vie communautaire joyeuse *(koinonia)*, expérimentation d'une résurrection par le secours d'une main fraternelle *(diaconia)*, expérimentation d'une vie vivante et signifiante *(marturia)*, expérimentation d'une rencontre personnelle avec un Dieu vivant *(liturgia)*. Nous pouvons faire de notre Église un lieu où on laisse une place à l'inattendu, à l'inespéré, à ce qui n'existe pas encore pour se laisser

1. Fritz LIENHARD, *L'avenir des Églises protestantes*, p. 182.

pousser vers l'avant, où l'on donne la possibilité de plonger en confiance dans l'incertitude de l'avenir dans la certitude que « tout est possible pour celui qui croit » (Mc 9,23). « Dieu, c'est le fait que tout est possible »[2], disait Kierkegaard. Chez nous, on essaie de vivre les règles du Royaume et du Sermon sur la Montagne pour ensemencer le monde. Dans notre Église, on doit pouvoir expérimenter un droit à l'essai, à l'erreur, à l'échec. S'autoriser à faire des tentatives nécessite un climat de sécurité et un environnement propice et favorable à la confiance, un lieu où est suspendue (pour un temps) la tyrannie de l'évaluation et de l'efficacité.

2. Le Labor(atoire), le lieu d'un travail sur soi

Venir dans notre Église, c'est aussi choisir de se laisser travailler de l'intérieur comme traversé, retourné, labouré au plus profond de soi-même par une parole, par une rencontre, par une réflexion, par une intelligence du sens. Cette remise au travail d'une vie paralysée permet de se remettre en route, redevenir un être en train de se

2. Søren Kierkegaard, *Traité du désespoir*, Paris, Gallimard, 2003.

construire, d'une existence ni achevée ni tournée sur elle-même dans la difficulté d'être soi, dirait Kierkegaard. Nous parlons ici d'une participation active et volontaire au processus de transformation et d'édification. Il y a là une dimension d'effort dans la durée et de pénibilité possible, dans la persévérance et dans les effets de résistance structurelle et d'opposition au changement. Faire de notre Église un laboratoire signifie offrir un lieu où l'on se pose des questions ensemble dans la recherche du sens et où se confrontent des avis divergents dans un travail de l'écart pour faire advenir l'inouï, au sens de ce qui n'a pas encore été entendu, comme le propose le philosophe François Jullien[3]. D'une certaine manière, rien n'est pire que d'adhérer à soi-même sans faille ni interstice pour laisser passer la lumière d'une question, la possibilité d'une rencontre, l'ouverture pour qu'un autre puisse venir nous bousculer, nous déranger. Dans l'Église comme ailleurs, rien n'est plus dangereux que les certitudes inébranlables. On ne fait jamais qu'affirmer son ignorance.

---

3. François JULLIEN, *De l'écart à l'inouï. Un chemin de pensée*, Paris, Carnets de L'Herne, 2019.

3. Le (lab)oratoire comme lieu d'une contemplation

Notre Église se doit enfin d'être un lieu de prière et de contemplation. Je pense ici à Mt 6,26-29 : « Regardez les oiseaux du ciel et les lys des champs… » ou au Psaume 8 : « Éternel notre Dieu, que ton nom est magnifique sur toute la terre ! Quand je regarde tes cieux, ouvrage de tes mains, la lune et les étoiles que tu as établies : qu'est-ce que l'homme pour que tu te souviennes de lui ? Et le fils de l'homme pour que tu prennes garde à lui ? » La prière devient l'expérience d'une admiration, dans l'expérience de « la beauté qui sauvera le monde », comme l'exprime le prince Mnouchkine dans *L'Idiot* de Dostoïevski. Puissions-nous apprendre à suspendre notre esprit critique pour nous laisser aller (un instant !) au cœur d'une expérience esthétique autant que mystique devant « ce qui est beau, agréable et parfait » (comme le dit l'apôtre Paul dans Rm 12,2), dans l'articulation des trois pour jouir de la vie vivante dans l'instant. À l'inauguration d'un nouveau temple luthérien à Noisy-le-Grand, je confessais le péché des réformés d'avoir souvent confondu le sobre et le moche ! Puissions-nous nous en souvenir en gérant nos bâtiments : sans doute nous faut-il apprendre à nous défaire des lieux moches et à être très attentifs en construisant nos nouveaux lieux de culte. Nous devons penser nos temples et nos églises comme des espaces consacrés, mis à part et préservés de l'exigence communicationnelle qui vampirise l'attention, propice à la contemplation mystique qui élimine les parasitages, comme une vacuole qui protège par l'isolement temporaire qu'elle propose. Parce que venir au culte, c'est offrir un instant qui fait date et focalise l'attention tout entière parce qu'il tutoie l'éternité, provoquant l'intense jubilation d'une présence qui ne peut pas s'enfermer. C'est offrir l'expérience du silence de la pure réception et de la lenteur qui savoure l'instant dans une gratitude émerveillée, réception de la grâce d'être soi devant Dieu.

Faire advenir l'inouï

L'ÉGLISE COMME LABORATOIRE, VOILÀ UNE IMAGE INÉDITE, INATTENDUE, MAIS SUGGESTIVE. Je fais miens cette image et ses développements. Un laboratoire est un lieu où des gens sérieux, mais en même temps des chercheurs un peu fous, essaient de donner corps à leurs intuitions, à leurs rêves parfois. Qui dit laboratoire dit aussi équipe, on ne cherche pas bien loin tout seul. Qui dit recherche dit aussi passion, et la passion nous connaissons.

J'aime aussi cette image du laboratoire car dans nos églises, lors de la célébration eucharistique, s'opère, nous le croyons, une transmutation (ou transsubstantiation) du vin en sang du Christ et du pain en chair du Christ. Peut-être que cette image du laboratoire peut donner davantage de réalité matérielle au mystère de l'Eucharistie. Il se passe vraiment quelque chose. Dans un vrai laboratoire, les expériences ne réussissent pas toujours, il y a l'espérance d'un résultat qui se produira… ou pas. Lors de la célébration de l'Eucharistie, le résultat est peut-être trop connu d'avance, trop assuré. En tant que prêtre, j'aimerais avoir lors de chaque eucharistie la tension, l'attention du chercheur qui est engagé dans une expérience complexe qui peut réussir ou bien échouer.

L'Église catholique est traversée par des sensibilités dont certaines se cristallisent autour de la matérialité de la célébration eucharistique célébrée plus ou moins à la lettre du rite. Cette image du laboratoire m'encouragera à être encore plus présent à la célébration de cet immense mystère.

L'église comme espace

Parmi la polysémie du mot « église » qui nous a tant occupés, il y a bien sûr le bâtiment en lui-même, même si ce n'est pas le mot que vous utilisez naturellement pour désigner vos lieux de culte. Un même mot pour désigner à la fois la communauté et le lieu où elle se réunit peut entraîner une certaine confusion, mais c'est une pratique héritée du modèle politique, sans doute romain. Il en est de même pour le sénat, le parlement… Cela signifie qu'il y a une unité profonde entre la communauté et le lieu où elle se réunit. L'une influe sur l'autre et réciproquement, d'où l'importance de l'attention portée aux lieux pour construire la communauté ainsi que vous le suggérez.

*Comme vous cher Samuel, je suis personnellement très sensible à la qualité et à la beauté de nos lieux de prière. Parmi les chantiers qu'il m'a été donné de mener, il y a eu la restauration de la cathédrale d'Oran. Il s'agissait d'un ancien théâtre en sous-sol, une salle de patronage en fait, qui tenait lieu de cathédrale depuis une vingtaine d'années. J'ai été touché de constater combien la transformation de ce lieu triste et sombre en un beau et digne lieu de célébration et de prière a contribué à construire la communauté elle-même. À la rassembler au sens étymologique d'*ecclésia.

Il y a d'autres hauts lieux chrétiens dont nous constatons à quel point ils peuvent être des lieux de paix, des lieux inspirants pour les visiteurs algériens musulmans. J'aime moi aussi entrer dans une mosquée, j'aime m'asseoir sur un tapis plutôt que sur un banc, m'adosser à une colonne. J'y suis souvent submergé par un sentiment de paix, envahi par le sentiment d'une présence. Il en est de même pour nombre de musulmans qui rentrent dans nos églises. Nos espaces sacrés sont des espaces privilégiés d'expérience de la religion de l'autre. Pas besoin de mots pour percevoir la présence d'un Dieu plus grand.

Experts ou témoins ?

Il est un mot en revanche que j'ai eu du mal à faire mien, c'est celui « d'expert » que vous empruntez à Fritz Lienhard. On voit bien l'image qui est filée, et elle est intéressante. Mais je crains que ce mot ne renvoie à l'un des maux de notre Église, en tous les cas la mienne ! Il renvoie à la tentation de se positionner en surplomb, comme celui qui sait. Et qui sait tout sur tout ! Il y a au sein de l'Église des experts en théologie, en Écriture sainte, en patristique, en morale… mais l'Église, et à travers elle les clercs, n'est pas experte au sens où elle aurait le dernier mot sur tout au motif qu'elle est gardienne d'un mystère et d'un magistère. Ce modèle d'Église est enfermant et infantilisant. C'est pour l'Église catholique la tentation multiséculaire du cléricalisme nourrie aussi par les laïcs eux-mêmes.

Lorsque je célèbre la messe dominicale et que je sais un peu le poids des responsabilités portées par telle ou tel des membres de l'assemblée, qu'il s'agisse de responsabilités professionnelles ou familiales, je mesure l'étroitesse de mon champ de compétence et je m'efface davantage encore derrière le mystère que je célèbre. Nous avons tous la tentation de voir l'herbe plus verte ailleurs, et je voudrais croire que cette tentation cléricale est absente de la vie de vos communautés. En même temps, je sais cette tentation de domination et de séparation présente au cœur de l'humain, et sans doute ressurgit-elle aussi d'une façon ou d'une autre chez vous.

Enfin, notre Église catholique s'est érigée en « experte en humanité », ce qu'effectivement elle est appelée à être par vocation. Au lieu de cela, les travaux de la CIASE en matière d'abus sexuels sur personnes vulnérables, et bien d'autres abus de pouvoir, l'ont prise, nous ont pris, tant de fois en flagrant délit d'inhumanité. Il nous faut avoir l'humilité de le reconnaître et mettre nos actes en conformité avec ce triste constat.

L'Église a davantage besoin de témoins que d'experts, une qualité n'excluant pas l'autre ! Personne ne peut s'autoproclamer témoin, c'est une qualité dont il n'a généralement pas conscience et qui ne peut être reconnue que par d'autres. Le témoin est lui-même la matière de l'expérimentation, il en est traversé. Il est davantage soumis à la lame du scalpel qu'à l'abri derrière la lunette du microscope. Le témoin engage sa vie tout entière, il est chrétien mais aussi de toutes les religions, et aussi sans religion. Il témoigne de plus grand que lui-même sans avoir besoin de le crier sur les toits. Notre Église est une Église de témoins, c'est-à-dire aussi d'apôtres, ou elle n'est pas !

* *
*

Devenir des enfants…

NOUS SOMMES DONC TOUS DIFFÉRENTS DANS NOTRE MANIÈRE DE DONNER CORPS À L'ÉGLISE et cela fait partie de l'identité de notre Église protestante unie de France de faire vivre cette différence non dans la recherche du consensus ou de la fusion, mais bien dans la tension féconde des différentes manières d'être protestants. Pour en parler, Bonhoeffer emprunte trois métaphores à Friedrich Nietzsche dans *Ainsi parlait Zarathoustra* : le chameau, le lion et l'enfant[1]… Chacun pourra s'identifier dans l'une ou l'autre de ces métaphores.

Le chameau vient de loin et va loin, il est chargé et marche en caravane pour transmettre et porter pour nous le poids des savoirs qui traversent les déserts. Il porte la tradition et l'histoire de notre identité, la théologie et les murs des temples séculaires.

1. André DUMAS, *Dietrich Bonhoeffer*, pp. 79-80.

Il porte la permanence d'une Parole qui nous porte depuis des siècles. Celle qui parle avec les sages et les prophètes. Le chameau nous rend capables de parler en notre nom propre, d'agir pour réparer le monde, de raconter notre identité, d'assumer nos choix et notre responsabilité. Capables de prendre notre juste place dans ce monde. Ni trop ni pas assez. Sans s'excuser d'être.

Le lion, lui, est combatif et affirmatif : il n'a pas peur de porter le combat devant une situation qui se dégrade et qui inquiète quand l'avenir devient incertain. Le lion assume un combat pour la liberté de penser autrement avec un regard qui vient du dehors, libre parce que non déterminé par les circonstances mais à l'écoute de cette Parole qui nous vient d'ailleurs. Il vit de cette liberté si chère à Jacques Ellul dans son combat contre le conformisme qui guette toujours l'Église quand elle parle comme tout le monde, quand rien dans sa parole ne la différencie de ce que l'on entend partout ailleurs, qui consonne avec l'air du temps et les indignations sélectives de l'époque, quand ce qu'elle dit ne change en rien la réalité.

Alors, chameau ou lion ? Sans doute sommes-nous toujours un peu des deux... Et à n'en pas douter, les deux attitudes sont utiles à l'Église qui assume sa diversité. Jésus, lui, nous invite à devenir des enfants. L'enfant que Jésus remet au centre au moment où ses disciples demandent « Qui est le plus grand dans le royaume des cieux ? Jésus appela un enfant, le plaça au milieu d'eux et dit : Je vous le déclare, c'est la vérité : si vous ne changez pas pour devenir comme des enfants, vous n'avez aucune chance d'entrer dans le royaume des cieux » (Mt 18,1-5). L'enfant désarmé et confiant. L'enfant n'est pas l'infantile capricieux et tyrannique qui exige « tout-tout-de-suite » comme un dû. L'enfant est nouveau commencement, ouverture vers l'avenir, à la fois non-puissance et désir de grandir, quête de l'autre et dépendance radicale. L'enfant, c'est aussi l'innocence de celui qui ne sait pas, qui ne prétend pas connaître qui est Dieu mais qui en connaît le principe et qui ressent le bénéfice de sa présence : vivre une vie vivante où l'on vit de sa belle vie en accord avec ce que l'on est. « Seul l'enfant, disait Bonhoeffer, sait vivre son présent à partir de son futur. Il est naturellement sa possibilité eschatologique. »[2] L'enfant – que je suis appelé à devenir en Christ – est

> celui qui ne regarde plus en arrière vers lui-même, mais qui, loin de lui-même regarde vers la révélation de Dieu, vers Christ, celui qui est né hors de

2. André DUMAS, *Dietrich Bonhoeffer*, p. 121.

> l'étroitesse du monde devient vers la largeur du ciel, ce qu'il était et cependant n'était jamais, un enfant[3].

Peut-être est-ce cela ce qu'on appelle advenir à soi-même dans le déploiement de son être véritable. Non pas reproduire ou répéter ce qui a déjà été vécu par d'autres mais vivre pleinement aujourd'hui portés par l'espérance de ce que nous pourrions devenir. Puissions-nous apprendre à devenir des enfants pour vivre notre présent à partir de notre futur !

---

3. *Ibid.* Dumas cite ici la dernière phrase d'*Akt und Sein* de Dietrich BONHOEFFER.

Vivre son présent à partir de son futur

« SI VOUS NE CHANGEZ PAS POUR DEVENIR COMME DES ENFANTS, VOUS N'AVEZ AUCUNE CHANCE D'ENTRER DANS LE ROYAUME DES CIEUX » (Mt 18,1-5). Qui de nous a envie de redevenir l'enfant qu'il a été ? Les nostalgiques de leur enfance sont en général des adultes malheureux et déçus d'une vie qui n'a pas tenu ses promesses. Qui se souvient vraiment de qui il était lorsqu'il était enfant ? On se souvient de situations, d'événements heureux ou malheureux, d'émotions, de joies, de colères, mais il est difficile de revenir en profondeur sur son enfance, sauf par un lent travail d'introspection. Je crois que je n'ai pour ainsi dire aucune perception de l'enfant que j'ai été. L'enfant vit dans le présent et dans l'avenir, comme le dit Dietrich Bonhoeffer. Surtout dans l'immédiateté.

Le Seigneur ne nous appelle pas à faire un retour en enfance mais à retrouver cette immédiateté de l'enfant, avec en plus toute l'épaisseur de nos expériences et de nos vies. Être baptisé, c'est être re-né, né à nouveau. Non pas pour vieillir à nouveau comme on remettrait des compteurs à zéro. Être baptisé, c'est naître à une vie sans cesse renouvelée. C'est à cela que nous appelle le Christ. C'est vrai pour chaque chrétien, c'est vrai pour nos Églises, pour notre Église. C'est en fait le cœur du message que vous avez voulu adresser à votre Église. C'est sur ce message, sur cette inquiétude, que nous nous retrouvons l'un et l'autre avec nos cœurs de pasteurs.

Au fond, si nous pouvons si facilement nous retrouver, cher Samuel, c'est que nos Églises dites historiques ont perdu l'innocence, ou plutôt l'orgueil de l'enfance et de la jeunesse. Le temps est révolu où nous avions la certitude que tout allait nous réussir, « qu'on allait voir ce qu'on allait voir », comme les apôtres au retour de leur première mission et qui racontent leurs exploits à un Jésus qui exulte et rend grâce. Ce temps qui passe et qui rabote, nul n'en fait l'économie, il appartient au cycle de la vie. Et pourtant, vous et moi, nous appelons nos communautés à retrouver cette innocence, cette fraîcheur de l'enfance. L'orgueil en moins. Cela suppose un retour permanent aux débuts de l'Église, à la vie, à l'enthousiasme des premières communautés. C'est une expérience que nous faisons en Algérie, parfois avec émerveillement, parfois plus douloureusement lorsqu'il apparaît que du vin nouveau fermente dans de vieilles outres. Souvent nous avons du mal à nous entendre, à nous comprendre, mais c'est une grande chance de pouvoir vivre cette expérience si proche des récits des Actes des apôtres.

L'image des vieilles outres désigne une tradition au sens le plus fort du terme, une théologie, une ecclésiologie, une forme de lecture de l'Écriture. Nous ne sommes pas prêts à y renoncer. Mais comment faire pour rester ouvert à l'Esprit qui souffle où il veut ? Nous voyons bien que nos frères et sœurs évangéliques bâtissent à neuf, le vin nouveau est placé dans des outres neuves. Ce n'est sans doute pas sans difficultés non plus. J'ai appris à aimer cette complémentarité. Chacun a sa mission dans le dessein de Salut de Dieu pour l'humanité tout entière. J'ai appris à voir ce que d'autres communautés peuvent apporter et que nous ne pouvons pas apporter. Et vice-versa ! Puissions-nous vivre cette complémentarité sans compétition, sans jugement, sans anathèmes ainsi que vous l'appelez de vos vœux.

Il nous arrive parfois de rencontrer une belle personne âgée qui a tout traversé dans sa vie, les joies et les peines, qui peut tout entendre, tout comprendre tant son cœur s'est élargi, mais qui n'a rien perdu de son amour, de son espérance dans le monde d'aujourd'hui dans lequel elle vit de plain-pied. Je formule le vœu qu'il en soit ainsi de nos Églises respectives, une même Église en fait, même si nous avons quelques siècles de différence d'âge ! L'essentiel est que nous n'oublions jamais que nous avons tous la même date de naissance. C'était il y a deux mille ans, c'est aujourd'hui !

* *
*

Pour conclure

CHER SAMUEL,

QU'IL EST INÉDIT CE DIALOGUE SANS FACE-À-FACE, sans même nous connaître, et pourtant un échange en vérité. Sans compromission de votre part puisque j'ai lu les messages adressés à votre Église par-dessus votre épaule et sans en être en rien destinataire. Sans compromission de ma part non plus tant je me suis naturellement trouvé en syntonie avec vos propos. À dire vrai, pas une seule fois je n'ai eu le sentiment de m'adresser à un pasteur protestant. Et peut-être me reprochera-t-on d'avoir donné l'impression d'oublier que je suis un évêque catholique. En tous les cas, je n'ai rien eu à renier ou à forcer de mes convictions les plus profondes.

Je me suis interrogé sur le fait de savoir si cette connivence manifeste était due au fait que nous avons fait l'un et l'autre l'expérience d'une vie en monde musulman où le christianisme est pour ainsi dire absent du paysage, plus libre de son image ? Au fond, je ne le crois pas. La force de notre échange tient au fait qu'il n'est pas interconfessionnel mais intraconfessionnel… et finalement supraconfessionnel ! Vous vous êtes adressé aux membres de votre Église et leur avez parlé de ce qui vous semblait important, essentiel même, à la vie et à la mission de l'Église. Dès lors, les différences dogmatiques, historiques, théologiques entre les Églises protestantes et l'Église catholique n'étaient pas à l'ordre du jour. La bonne nouvelle est que ce qui vous apparaît essentiel en tant que pasteur protestant l'est aussi pour moi, évêque catholique.

Cet échange dépasse nos personnes, il met en évidence une appartenance, une vocation, une mission communes plus fortes que nos différends historiques et les différences théologiques et ecclésiales qui en ont résulté. C'est en cela une expérience œcuménique au sens le plus fort du terme, pas par rapprochement de deux points de vue mais par émergence d'un fond commun infiniment plus solide que nos divergences. Même s'il importe de ne pas succomber au mythe de l'unité originelle perdue me vient, pour notre Église, l'image d'un vase d'argile qui a été brisé. Du temps a passé, la volonté de le réparer est là, mais la vie a avancé, chaque morceau s'est développé et le retour à l'état initial est devenu impossible. Tous les morceaux mis ensemble dessinent une nouvelle forme, un nouveau vase, renferment de nouvelles réalités humaines que n'aurait peut-être pas pu contenir le vase initial.

À la fin de cet échange sur l'Église, nous n'avons peut-être pas beaucoup avancé dans la définition de ce qu'elle est. Elle est multiforme, multiconfessionnelle, multiculturelle, mais elle ne peut être qu'une. Elle ne peut qu'être à la dimension de l'humanité tout entière ou alors elle n'est pas l'Église du Christ, Dieu fait homme, mort et ressuscité pour le salut de l'humanité entière. Dès lors, le substantif « église » ne supporte pas d'être accordé au pluriel. Nous nous y sommes pourtant habitués, et par certains côtés ce fut une avancée œcuménique, la reconnaissance qu'une Église confessionnelle ne pouvait se prétendre à elle seule « L'Église ».

Il nous faut avoir l'humilité de reconnaître que nous sommes tous responsables de la rupture de l'unité visible de l'Église, son unité invisible étant hors d'atteinte, sans cesse à rechercher. Il nous faut avoir l'honnêteté de reconnaître qu'aucune des Églises confessionnelles n'est à elle seule « L'Église du Christ ». Dès lors, ne faudrait-il pas avoir le courage de laisser voir, dans la façon dont nous nous présentons, cette brisure, qui témoigne à la fois de l'unité invisible et de la diversité de l'Église ? Ce serait poser une pierre d'attente, peut-être nous reconnaître davantage frères et sœurs de confessions différentes mais pierres vivantes d'une même et unique Église du Christ.

Monastère de Tibhirine,
Ste Marthe, 29 juillet 2023.

S'accorder pour servir

CHER JEAN-PAUL,

ME PERMETTEZ-VOUS CE « CHER JEAN-PAUL » ? N'y voyez, s'il vous plaît, ni familiarité déplacée ni formule de politesse convenue… Juste le constat mi-étonné mi-reconnaissant d'une relation qui s'est tissée dans nos échanges par-delà l'espace et les frontières qui nous séparent, par-delà les histoires et les institutions que nous habitons et par-delà nos manières de nous exprimer toutes personnelles qui font de nous des personnes réellement différentes.

Il est vrai que ce que j'ai à dire ne visait, au départ, que les miens, ceux de mon clan. Quelle expérience troublante que de sentir votre regard *« par-dessus mon épaule »*, comme vous dites. J'y ai entendu comme un appel à sortir de mon pré carré, à humer l'air du dehors, à vérifier à mon tour « la couleur de l'herbe » (pas forcément verte !) qui pousse dans le champ de mon voisin…

C'est en vous lisant que j'ai repris conscience que le voisin en la circonstance était un frère. Non pas tant par tout ce que j'ai perçu de complice et de bienveillant dans votre regard, ni non plus parce que vous seriez d'accord avec moi (quel malheur ce serait de n'avoir pour frère que celui qui pense comme moi !) et encore moins par la vertu d'une décision que j'aurais prise du haut de ma gentillesse ou de ma volonté de faire du lien avec les autres chrétiens… Frères, nous le sommes. C'est un fait. Et c'est le Christ qui en a décidé ainsi. Que nous soyons, vous et moi, et nos institutions avec nous, des fils adoptés d'un même Père est une réalité qui dépasse tout ce que nous pourrions, vous et moi, en percevoir ou en décider. Mais, de fait, cette réalité fraternelle qui me permet aujourd'hui de vous donner du « cher Jean-Paul », je l'ai éprouvée, ressentie, accueillie en vous lisant comme un cadeau inestimable, fruit de la grâce qui nous fait vivre. Frères donc. Et j'en suis si fier. Je me suis senti honoré par nos échanges épistolaires.

La question existentielle essentielle que vous soulevez autour de donner et de se donner résonne donc pour nous d'une étrange manière. Qui nous a donnés l'un à l'autre sans que nous l'ayons cherché ? C'est une expérience spirituelle forte d'être donnés l'un à l'autre. Cela crée une résonance comme une grâce qui appelle une réponse au diapason : nous ne pouvions pas donner moins que nous-mêmes… Dans cette rencontre, quelque chose de vrai se donne à expérimenter comme un cadeau immérité qu'il nous incombe d'accueillir pour entrer en résonance, avec nous-mêmes d'abord, entre vous et moi ensuite, entre nos Églises si proches et si différentes, entre nos expériences de vie – moi au Maroc et vous en Algérie – qui ont forgé dans le vif de la rencontre avec les musulmans notre perception de l'Évangile qui n'existe que de s'offrir sans autre, sans calcul, sans stratégie, sans pouvoir, sans buzz, sans futilité, sans certitude, sans autre force que la résonance qu'il crée.

Et je crois moi que nous sommes frères également par l'expérience que nous avons en commun d'un christianisme « des marges », comme dirait notre frère commun François. Vous en Algérie et moi au Maroc, dans l'immense différence de réalités qu'il ne faudrait pas assimiler trop vite, il n'en reste pas moins que vous et moi connaissons ce christianisme qui a renoncé à la chrétienté, comme vous dites, perdant *« l'orgueil et la suffisance de celui qui se croit invulnérable, rempli de ses certitudes »*. Vous avez raison : se découvrir en situation de minorité permet de revenir à la source pour redécouvrir que notre puissance de vie n'est pas à notre disposition comme une ressource dont nous serions propriétaires… Il nous faut réapprendre un christianisme qui ne vit que d'une grâce sans cesse renouvelée. De fait aujourd'hui, ici ou là-bas, son existence ne tient qu'au fil ténu de ceux qui se savent faire partie des marges, de ceux dont on tolère la présence et qui ont abandonné toute velléité de « peser » et de convaincre. *« Toute la différence entre mission et prosélytisme tient dans le regard que je porte sur l'autre différent et sur la part de vérité qui l'habite »*, dites-vous. Je ne peux que souscrire à cette distinction fondamentale qui, bien souvent, ne se découvre que dans l'expérience de la vulnérabilité qui devient *« une aventure humaine [ouvrant] une autre connaissance de soi-même, un autre rapport à Dieu […] parfois un plus grand amour »*. Vous appelez de vos vœux un christianisme de « témoins » ? Oui, de cette « expertise » qui se donne dans l'expérience de n'être rien et de dépendre de la grâce. Vous et moi, nous savons que quelque chose d'un christianisme authentique se donne à vivre quand on a perdu tout pouvoir.

Frères d'âmes donc. Pour reprendre ici la magnifique expression que nous aurions pu choisir pour titre de notre échange. Frères d'âmes par cette histoire commune qui fait que, sans se connaître, sans jamais s'être rencontrés, nous avons comme des souvenirs communs à partager. Quand nous nous rencontrerons – parce que nous nous rencontrerons –, nous aurons tant d'expériences communes à partager : « Tu te souviens ?... » (Pardon pour le tutoiement, il est venu tout naturellement.) Tu dis : *« Nous ne pouvons, en Église, donner notre témoignage sans la collaboration de nos partenaires musulmans. »* J'aime cette idée tellement folle, tellement vraie, tellement vibrante de l'attente de l'autre qui me permet d'être qui je suis... L'Être-même de l'Église que nous aimons, toi et moi, celle qui « *donne en vie* » pour reprendre ton expression, se découvre hors de ses murs, de ses chapelles, de ses dogmes et de ses rites. Il ne se donne que dans la résonance d'une rencontre avec l'autre, celui qui m'échappera toujours, celui qui n'est pas membre de nos communautés, celui qui croit autrement et peut-être même qui ne se reconnaît d'aucune religion. C'est lui qui nous donne d'être qui nous sommes. Il s'agit là encore d'une véritable expérience spirituelle qui porte un nom magnifique en arabe. Ce nom nous a été donné en cadeau – et peut-être même comme un défi ? – par le ministre marocain des Habous et des Affaires islamiques, Si Ahmed Toufiq, pour désigner l'Institut œcuménique de théologie qu'avec mon ami et mon frère Mgr Vincent Landel, archevêque de Rabat de l'époque, nous avions décidé d'ouvrir au Maroc en 2012. *Al Mowafaqa* signifie en arabe « l'accord ». Il parle d'un double mouvement à la fois horizontal qui invite à « se mettre d'accord » dans un cœur à cœur entre frères pour construire un projet commun, et vertical pour se découvrir émerveillés dans un second temps « en accord » avec la volonté de Dieu, son projet profond, sa vision pour le monde et pour son Église.

Al Mowafaqa donc, mon frère. Nous voilà fort bien accordés, toi et moi. Comme une guitare ou un violon. Rainer Maria Rilke le dit bien mieux que moi :

> Mais tout ce qui nous effleure toi et moi,
> Nous unit comme un archet qui tire
> De deux cordes une seule voix.
> Sur quel instrument sommes-nous tendus ?
> Et quel musicien nous tient-il dans sa main ?
> Ô douce chanson.

Paris, le 27 août 2023.

Table des matières

Cet ouvrage a été composé par IGS-CP
à L'Isle-d'Espagnac (Charente, France)

IMPRIM'VERT® PEFC 10-31-1510

Achevé d'imprimer en septembre 2023 par Corlet - 14110 Condé-en-Normandie
Dépôt légal : septembre 2023 - N° d'imprimeur : 23090079 - Imprimé en France